中国 多民族国家の歩み

「天下」を目指して

王柯……著

図説◆中国文化百華 013

農文協

「天下」を目指して

中国 多民族国家の歩み

目次

デザイン　田内　秀

内蒙古趙長城烽燧

はじめに

中国の首都、北京市の中心は天安門広場である。広場の北側に天安門という城、広場の西側に人民大会堂、南側に毛沢東記念堂、東側に国家博物館がそれぞれある。この配置は、じつに象徴的な意味をもつ。天安門は明清代以来の皇城の正門でもあり、中華人民共和国建国時から国のシンボルとして国章に描かれ、最高政治権力を意味するが、その政治権力を支えているのは「人民」（人民大会堂は「全国人民代表大会」の議事堂）、「革命」（毛沢東は「中国革命の父」）と「歴史」（国家博物館は国家の「歴史」を演出する場所）である。中国ほど「歴史」を重んずる国は世界中を見渡しても少ない。今日の中国を見るにも、歴史的視点が必要である。これが、本書を執筆する最初の動機である。

中国は多民族国家であり、その歴史は四千年前までに溯れる。遠い昔に形成した古代王朝国家のスタイルが、なぜ今日の共和国時代まで維持しえたのか。その理由は、まず歴代の王朝が「多民族体制」に一律にこだわっていたことにある。では、なぜこだわらなければならないのか。本書は、各王朝の歴史にそって、中国社会に特有の国家と民族に関する認識、政治と文化とのかかわりを考えながら、その答えをえようとするものである。

一般的に言うと「歴史」は二つの側面を有する。まず過去に起こった出来事であり、そして第二は書物に書かれたないし過去について調べあげた事柄である。中国の歴史と歴史学の伝統は長いが、歴史という言葉の歴史は意外に長くない。明代以降からともいわれる。「歴」とはすぎるという意味で、また「暦」（こよみ）とも同じように使われるが、史とは、東漢時代の許慎《きょしん》の『説文解字』によれば、事を記録する者であり（「記事者也」）、つまり君主の言行を筆記する官吏であった。ヒストリという意味では主に「史」という言葉が使われてきたことから見ても、中国における「歴史」が、第二の次元、つまり「人間によって認識されたものとしての歴史」に重心が置かれてきたことがわかる。

しかし注目すべきは、記述家によって「整理」された「歴史」自体が、まさに中国の文化─中華文化─そのものということである。つまり、中国における「歴史」は、中国の文化─中華文化─を後世に伝える役割を演じている一方、他方ではみずからも同時に中華文化の制約を受けている。言い換えれば、中国における歴史とは、事象を記録したものであるだけではなく、その記録を通じて中華文化の伝統の創出・定着・伝播においても重要な役割を果たしているのである。中華文明が今日まで維持し、発展したのも、こうした「歴史」の果たした役割とは無関係ではない。

王朝や国の多民族体制が、まさにこうした「歴史」を通じて神聖化された中華文化の一部である。中国における多民族王朝国家の歴史は、二十四史をはじめとする中国の歴史著作のなかにおいて、それぞれ時代別に語られている。そこから、多民族体制を正当化する「天下」の思想がいかに形成されたかだけではなく、各王朝の支配者がみずからの支配を正当化するために多民族によって構成される「天下」をどのように構築したかを見ることも出来る。

第一章 「天下」のもとでの華夏（中国）と四夷（周辺民族）

中国の初期の国家思想は、基本的に「天下思想」*であった。「天下」は「天」を理論的根拠としているため、「絶対性」「正統性」といった性格をもつ。これは、中国の正統王朝統治理念の基本でもある。こうした正統王朝の統治理念の下に、「蠻夷戎狄《ばんいじゅうてき》」と呼ばれる異民族も「天下」の体系に入れられ、「四夷」は「天下」の欠かせない一部分であるとされていた。そのため、「華夷対立」という単純な構図で、実際の「中国」と「四夷」との関係を解釈するのは明らかに適切ではない。「天下」が「蠻夷戎狄」を包容するという思想の根底には、当然「中国」（天子の直轄地域である「内服」＋諸侯の国々である「外服」、または「華」の文化が流行する地域）の人々の「民族」に対する認識があったはずである。本章では、先秦時代の人々の「華《か》」「夷《い》」に対する認識の構造およびその社会的歴史的背景を見ることを通じて、中国における初期の民族思想の特質を検討することとする。

本書で用いる史料は、ほとんど中国の古典に限られる。いわゆる「六経皆史」*という説は疑われるが、しかし中国思想の濫觴《らんしょう》は中華文化の原典である古代経典に見られることも事実である。本書は歴史事実の究明において主に先秦時代の文献を使うが、しかし文字学の資料の扱いはその限りではなく、それ以降の資料も使う。なお時代名は具体的に明記した箇所を除いて、本書の言う先秦時代は大体春秋時代以降を指すことを、あらかじめ断っておきたい。各文献の日本語訳は、『春秋左氏伝』*（以下『左伝』）・『詩経』*が平凡社の『中国古典文学全集』、『荀子』*が国民文庫刊行会による『国訳漢文大成』のほかに、明治書院の『新釈漢文大系』

天下思想　中国における「天下」は一般に中国王朝の皇帝が主宰し、一定の秩序原理に支配されている空間で、その中心にある中国王朝の直接支配する地域が、「夏」「華」「中夏」「中華」「中国」などと呼ばれる。周囲には中国王朝とは区別される「四方」「夷」などといった地域があるが、これらもいずれは中国の皇帝の主宰する秩序原理に組み入れられる存在として認識されていた。

六経皆史　清朝の歴史学者章学誠が唱えた説。儒教の経典の六経（詩経・易経など）はすべて古代の事実を述べたものだとするもの。

『春秋左氏伝』　12巻（経伝合わせて30巻）。『春秋』本文に、さらに詳しい事件の動きや人物の言行をつけくわえたもの。

『詩経』　中国最古の詩集。前9世紀–前7世紀の歌謡305編を収める。

『荀子』　前230年頃成ったといわれる思想書。32篇。荀況著。各篇に特定のテーマで議論を展開。

にしたがい、必要と感じたところだけに著者が若干の手直しを加えた。

1・四夷（周辺民族）も天下の欠かせない一部分

虚構の「五服説*」による各民族の地理的分布と違い、実際は「中国」の周辺に多くの異民族が住んでいた。文献の記述によれば、「中国」の人々はこれらの民族と頻繁に接触していたことがわかる。

春秋時代において「中国」の人が「蠻」、「夷」、「戎」を名と諡《おくりな》にすることが多かった。鄭の太子は「夷」、鄭靈公の字は「子蠻」、齊侯の子は「戎子」である。このことから先秦時代の「中国」の人は「蠻」、「夷」、「戎」などを民族差別意識のあるものと思っていなかったことがわかる。

「蠻」は、本来聞き馴れない異民族言語の発音が延々と続くという特徴を表すものにすぎなかった。

「夷」は、蹲《うずくま》って座ることを意味し、狩猟民族の生活様式を表す漢字であった。

「狄」は、人間と犬と共に暮らす遊牧民族を象徴する言葉である。

「戎」は、狩猟民族の特徴を表わしている。

当時の諸夏*の人々にとっては、こうした生活生産様式は人間の強さを意味するものであり、蠻、夷、戎などを名前にすることには、強くて丈夫な人になれという願望が託されていたのであり、後世に言うような民族差別の意味はまったくなかった。

五服 中国古代、京畿（皇居付近）を中心として500里ごとに五等に分けて定めた区域 →p.36

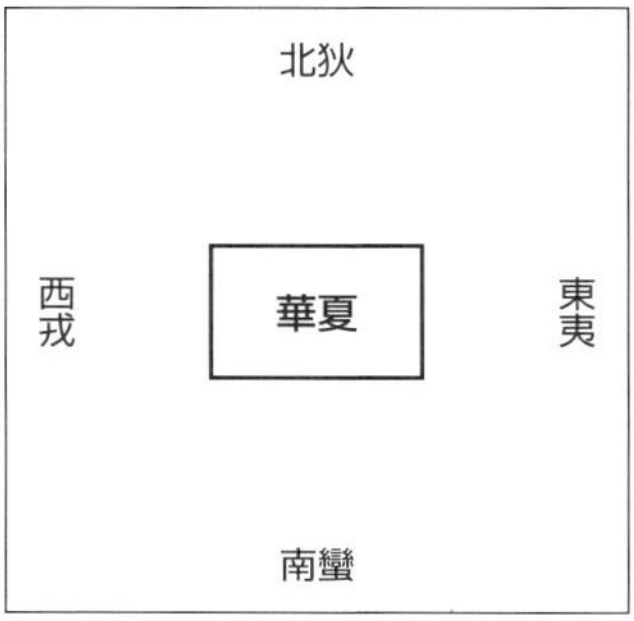

諸夏 四方の夷狄に対して、中国本土、またその諸侯の国々をいう語

周の天子が支配していない政治的共同体と集団を蠻夷戎狄と呼んでいる意味は、まず周王朝が彼らに主権を持たないことを意味し、次にこれらの集団の文化が周の主体民族の文化と異なることを示している。

漢民族の祖先である華夏族は夏朝の時期に形成しはじめたという説もあり、「華夏」は早い時期から農業生産に従事しはじめ、夏も、華も、そして周も最初農業の特徴を表す用語であったと考えられる。

「四夷」という具体的ではない称号を以て異民族を呼び、「方」を以て「中国」以外の人間集団を指すことも、当時の中国人が方向、つまり地域を以てそれぞれの人間集団が異なる生産様式と生活様式を営み、異なる慣習風俗をもつと考えていたことを示している。明らかに、先秦時代の中国人は「蠻」「夷」「戎」「狄」を「中国」と区別するとき、今日の形質人類学のように身体、髪、肌などの体質的条件を基準とせず、そして文化人類学のように民族が同じ生活地域・言語・歴史・慣習・生活の様式およびアイデンティティなどの共通条件をもつ人間集団であるとも考えず、もっぱらその生活様式・生産様式およびそれを基礎にして形成された行動様式と価値観、つまり文化様式だけに目をつけたのであった。

2・「礼」さえあれば四夷(周辺民族)も中国人

「蠻」「夷」「戎」「狄」に対する差別が存在しなかったというわけではなかった。しかしそれはおよそ二つの場合に限定された。まず「中国」の国同士の間で周王

夏　中国最古の王朝。始祖は禹。前15世紀ごろの桀王が暴政を行ったため、殷の湯王に滅ぼされたという。

商　『史記』殷本紀などによれば、成湯王が夏の桀王を滅ぼして創始し、前11世紀、第三〇代の紂王のとき周に滅ぼされた。殷とも。

周　文王の子武王が建国。都は鎬京。前771年に西方の犬戎の攻略を受けて東遷、都を洛邑(洛陽)に移した。東遷以前を西周、以後を東周といい、東周の約500年は春秋・戦国時代にあたる。

夏商周代

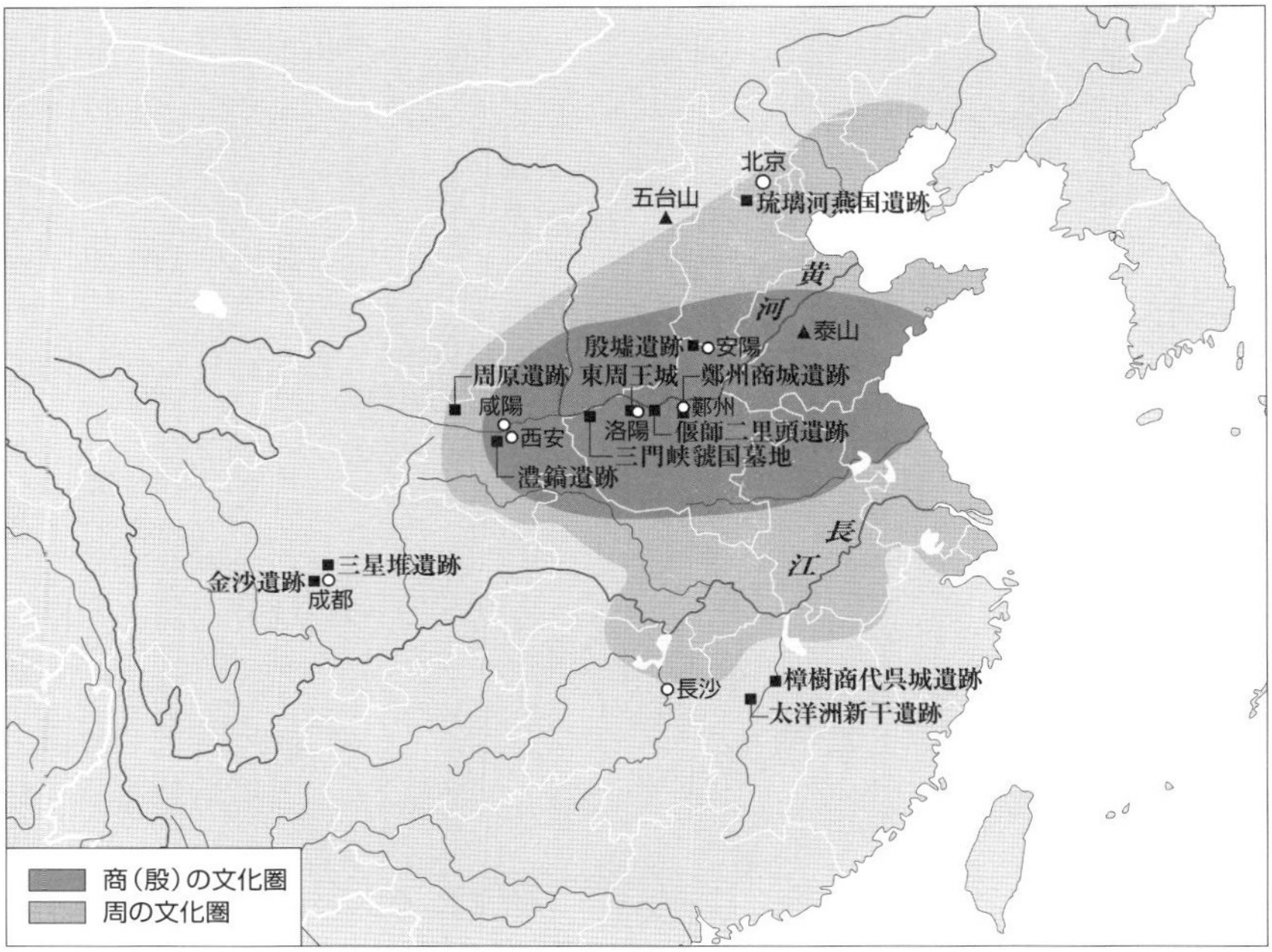

中国古代文化の系図

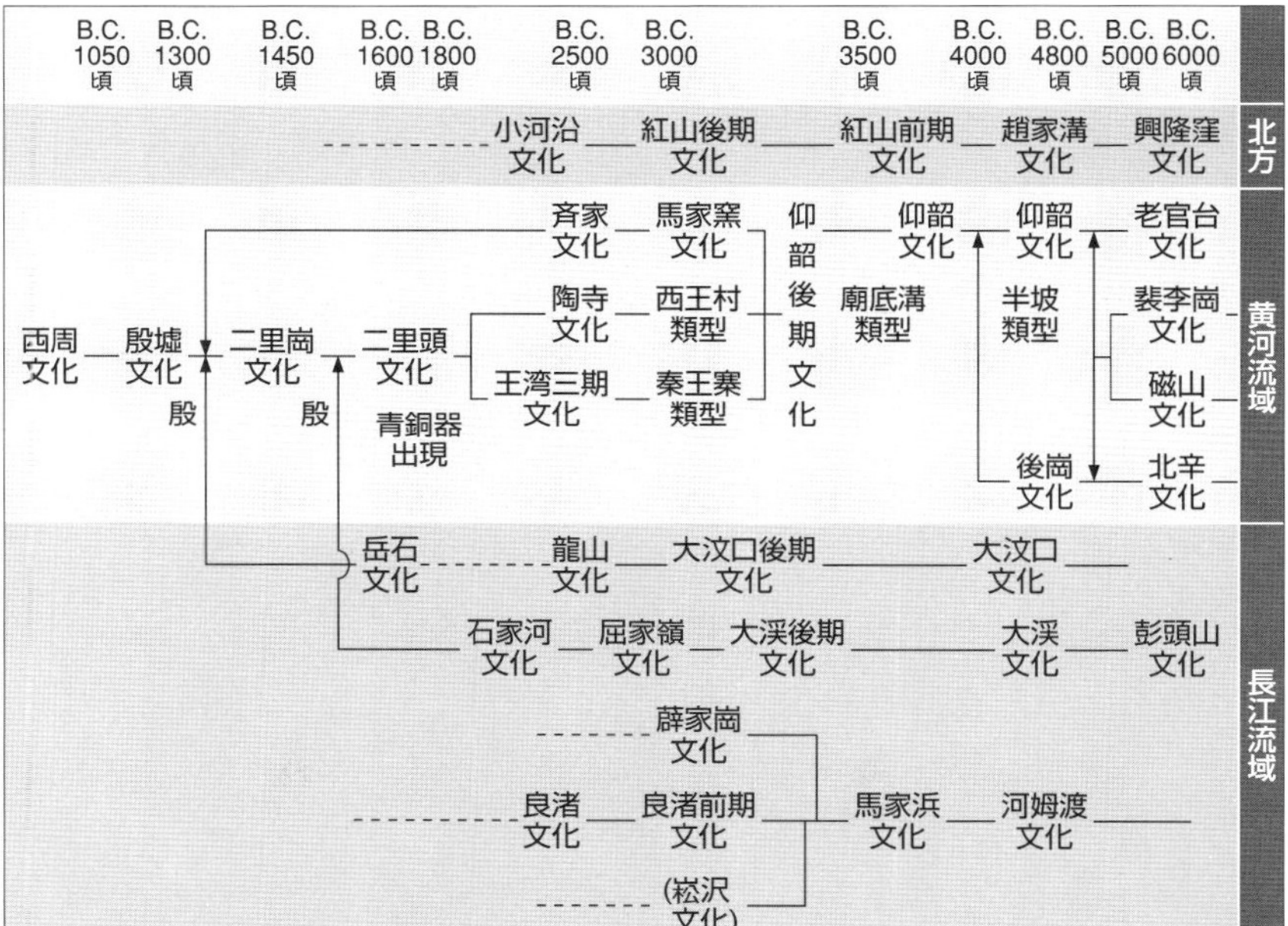

朝との血縁関係を基準に階級関係を強調した場合であり、そして「中国」と「蠻夷戎狄」との関係において軍事的に対立した場合である。

「中国」の国による「四夷」の国に対する差別意識は、一見して血縁関係によるものと見えるが、実は周の「天子」との血縁関係に基づく階級関係であった。つまりこうした「中国」の「四夷」に対する階級的差別は、実は周の制度――「礼*」――に沿うものであった。

「礼」の思想が「中国」と「四夷」との関係を論ずる時においても強調され、「礼」に合致するか否かを価値判断の基準とする思想は、「蠻夷戎狄」との戦争に対する「中国」側の評価を通じて見ることもできる。「蠻夷戎狄」による「中国」侵略は、古代文献の中に実に多く記録されている。

古代の遊牧民族と狩猟民族にとっては、農業民族に対する略奪行為が、日常生活を補う必要な手段であったとも考えられる。しかしこうした「蠻」「夷」「戎」「狄」の「中国」侵略は、中国人の「戎狄は豺狼」「戎狄は禽獣」「戎や狄は親しみの情が薄くて欲がふかい」という民族差別意識を作り出した。

「中国で軍を催さず、蠻夷が気ままに（中国に）入り込む」（『左伝』成公七年）「戎狄は討伐されるべき、荊夷《きんい》は懲罰されるべきである」（『詩経』魯頌・閟宮）「以て戦争を防ぎ、以て蠻夷の国を抑制する」（『詩経』大雅・抑）などのように、「中国」の「蠻」「夷」「戎」「狄」を区別する意識もこれによって強まり、戦争を通じて「蠻夷戎狄」を懲罰するとの考え方が早くも生まれている。

中華と四夷

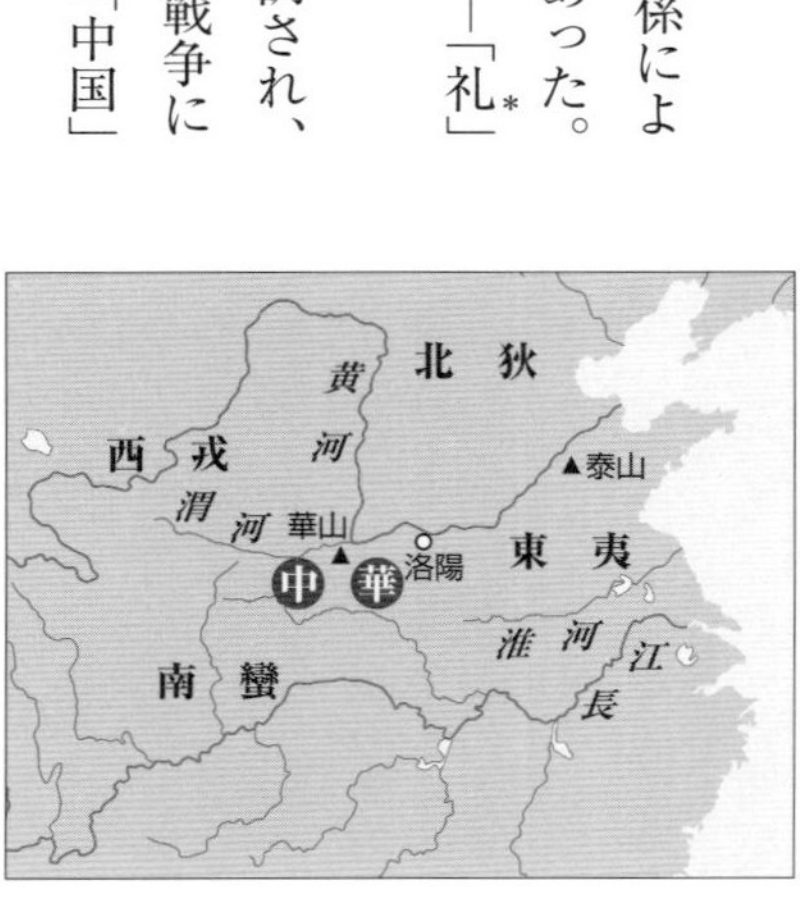

礼　戦国時代以後に文献に示された周の礼は、当時の権力者たる王を正統化するために、架空の周王朝の礼を論じたものだが、青銅器に鋳込まれた周王と諸侯のかかわりを示す銘文から、もととなる儀礼は存在していたことがわかる。

越智《おち》重明《しげあき》*によれば、華夷の区別を文化的面から取り上げられない例は、軍事力が中心となっている場合に限られるという。そのとき、いわゆる「軍事的劣勢による憎悪・仇敵視」によって、華夷の区別は厳しく、夷狄はあくまで夷狄であるとして理解され、夷狄の華夏化を認めることは想定しがたい。文化が優れた中国の諸国にとっては、略奪を目的とする戦争は「礼」から離れた愚かな行為であった。

しかし注目すべきは、先秦時代の「中国人」は民族性の形成がその民族の自然環境と社会環境に関係するものであると認めたことである。「民族的」な素質は不変のものではなく、とくに「蠻夷戎狄」の個人と集団は後天的学習を通じて「礼」、つまり「華夏」の文化を身につけることができるというふうに考えられた。

ここからわれわれはまた、たとえ「蠻夷戎狄」であったとしても「中国」の文化をさえ身に付ければ、「華夏」——中国人——となるというような当時の中国人の考え方を見ることができる。

事実、生活環境の変更という客観的基準ではなく、「礼」という文化的基準で「中国」の人か「四夷」の人かを判断する傾向が非常に強かった。「中国」の人はたとえ「四夷」に住んでも「礼」さえ失わなければ、人々に尊敬され、信任されると、孔子、荀子が言う。言い換えれば、住む場所と関連せず、「礼」さえあれば、「中国」の人であるということである。

一方、「中国」の人は住む場所が変わらなくても、「礼」さえ失えば、「四夷」

越智重明　おちしげあき［1923―1998］編著に「晋書」（明徳出版社）、「中国古代の政治と社会」「日中芸能史研究」（以上、中国書店）など。

になると考えられた。

つまり、本来「中国」の人であったとしても、「四夷」の文化を身につければ、「夷」と見なされる。そして本来「夷」であっても、「中国」の文化を身につければ、「中国」の人と見なされる。「礼」の獲得あるいは喪失によって「中国」「四夷」のいれかわり、文明野蛮の転換もあり得ると考えられたのであった。

3・「中原」をめざした四夷（周辺民族）

周王朝にとっては、「諸夏」と「蠻夷」を同時に「礼」の秩序に取り入れることが必須のことであった。

「戎狄」をみずからの勢力範囲に取り入れることは、各諸侯の国にとって大切であった。

「礼」の秩序—つまり「華夏」が主導する「天下」システム—から「蠻」「夷」「戎」「狄」を排除しない原因は、客観的と主観的という二つのレベルで見ることができる。客観的な原因から言えば、「天下」の主体民族である「華夏」という民族も、結局部族社会から初期国家社会へと変化していく過程で多民族が共同して形成したものであった。

夏の先祖である皐陶*が東夷であり、商人の発祥の地も東夷であると指摘する学者もいる。

周人が最初東夷であったとの説も八十年代に一時現れたが、周人は本来西羌で

牛骨刻辞　商代　長さ30.8cm　正面には甲辰の夕方突風が吹いたことなど、裏には敵が侵入したことなどが記されている。殷墟から出土した亀甲や獣骨は15万点以上に及ぶ。

宰豊骨　商代　長さ27.3cm　帝辛が捕ったサイを宰豊に賜ったという文字や獣面文が刻まれ、トルコ石が嵌め込まれている。

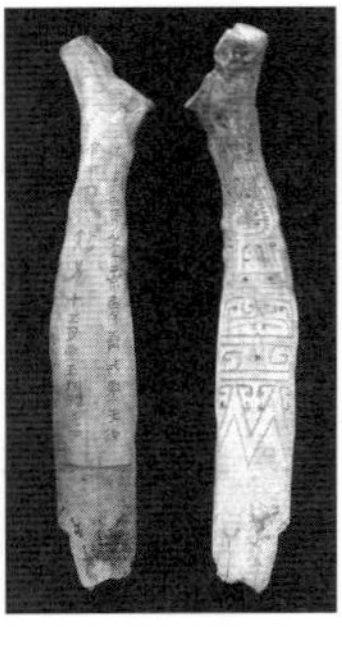

皐陶　こうよう　舜の賢臣。刑罰をつかさどった。

殷墟博物宛　商(殷)代の遺跡跡に建設された記念公園。1928年から発掘が進められ、王の墓と思われる大型墓、建築遺構、青銅器工房跡などが確認された。[河南省安陽市郊外]

婦好墓上に復元された「四阿重屋」式の建物［殷墟博物宛］

婦好青銅扁足方鼎
商代　器高42.4cm　重17kg　器内底面中央に「婦好」2字の銘文がある。婦好墓は唯一判明した被葬者の名前。殷墟から出土した青銅器の多くに銘文が鋳込まれている。

「婦好」銘

司母辛青銅大方鼎
商代　器高80.1cm　重128kg　口縁長辺下の内面中央に「司母辛」3字の銘文がある。

「司母辛」銘

あって、周原《しゅうげん》に移住してから華夏族の文化を受けはじめ、「華夏化」をはじめたという学界の共通の認識が以前からあった。

中国の初期国家社会において、「中原《ちゅうげん》*」の出身でなければすなわち「蠻」「夷」「戎」「狄」であるという考え方があったのは間違いない。しかし「中原」の出身とは単純に地理的側面で強調されたものではなく、黄河中流地域の黄土地帯で農業文化—「華夏文明」—を営む人々のことを指しているのであった。狩猟文化と遊牧文化に比べ、農業文化は安定した生産生活様式であり、しかもこの黄土地帯は粘土質の低い地域であり、もっとも農業がしやすい地域であった。

石器時代と青銅器時代など生産力の低い初期の人類社会にとって見れば、「中原」がいかに魅力あふれる地域であったかは容易に想像される。

夏族、商族、周族の発祥地はいずれも中原ではなかったことから、「蠻」「夷」「戎」「狄」であった彼らが中原を目指した理由も、黄土地帯で農業を営むことにこだわっていたためであった。そしてその移住に伴ってみずからの伝統文化を「中原」の農業文化に切り替えることに成功し、「蠻」「夷」「戎」「狄」から「華夏」へと変身したのであった。

とくに春秋時代になってから「蠻」「夷」「戎」「狄」の中国進出は一層激しくなり、戦争が多発していた。*

そして、周王朝の「礼崩楽壊」により、一部の諸侯は覇業を成すために「蠻」「夷」「戎」「狄」を「中国」に引き込むことさえした。

中原　黄河中下流域にある平原地帯。狭義では春秋戦国時代に周の王都があった一帯を指していたが、後に漢民族の勢力拡大によって、現在の河南省・山東省・山西省の大部分と、河北省・陝西省の一部を指すようになった。また辺境に対して、天下中央の地。

＊『左伝』によれば、戎狄の侵入によって周の王室の安全まで脅かされたことは、魯僖公の時代（前659年–前627年）にだけでも3回以上あった。

「蠻」「夷」「戎」「狄」の女性を娶ることを通じて「蠻」「夷」「戎」「狄」を味方にする手法がよく使われた。*

春秋時代に相手の国を味方にする方法は「婚姻」のほかに、「会盟」があった。「会」と「盟」とは実は違うものである。「会」は単なる諸侯間の会合の意味にすぎないが、「盟」は「犠牲の血をすすり、神に誓う」ことである。それは天子あるいは天子の代表の前で行われた。牛の左耳を切り、玉の瓶に収めた血で盟約の内容を書いて各国が署名し、そして盟約者はみな犠牲の血を啜って盟約書を読み上げ、最後に残った血と盟約書を一緒に埋めるなどの一連の厳粛な儀式を通じて盟友関係を結ぶ。

「盟」は、「同一の血を体内に入れる事によって同胞意識を起こさせる」という意味であった。そのため、本来「蠻」「夷」「戎」「狄」を会盟の相手としない。しかし実際には、「蠻」「夷」「戎」「狄」と会盟する例が多く存在する。*「中国」の諸侯は、会盟を通じて「蠻」「夷」「戎」「狄」の侵入を防ぐ目的があった一方、それを味方にして、一旦有事の時その軍事力を借りるという思惑があったに違いない。

事実、周の天子が「蠻」「夷」「戎」「狄」を利用したこともあった。

結婚・戦争を含む様々な人的流動を通じて、諸侯国の「匡有戎狄」―領内に戎狄がいる―と言った現象は、春秋時代になって一般的な現象となった。

夏、商と西周時代に、「蠻」「夷」「戎」「狄」が華夏となるのは、大体こうした

＊晋の献公は、戎の娘ふたりを娶って、その一人大戎の狐姫は公子重耳を生んだ。重耳は後の有名な晋文公であり、かつて彼は驪姫の迫害を受けて亡命し、12年間も暮らしていた「狄」で狄の女季隗を妻にした(『左伝』僖公二十三年)。

＊『左伝』隠公二年の魯と戎との盟、『左伝』桓公二年の魯と戎との盟、『左伝』僖公二十年の齊と狄との盟、『左伝』僖公三十二年の衛と狄との盟などがある。

「蠻」「夷」「戎」「狄」の中原進出と農業文化の受け入れを通じて実現するものであった。ところが、大体周平王の東遷の前後から、生産手段の進歩につれて、「中国」の周辺地域、とくに南方の「蠻夷」地帯における農業開発も進み、「中国」の文化の影響を受けて「蠻」「夷」「戎」「狄」みずからの華夏化という新しいパターンが誕生し、「蠻」「夷」「戎」「狄」の地域も中原化しはじめた。

『詩経』と『尚書』*に出て来る周の天子によって諸侯に封じられなかった数多くの異民族の集団は、春秋時代の歴史を記述した『左伝』と『国語』*では、大体その生産の様式と居住の方位に基づいてそれぞれ「蠻」「夷」「戎」「狄」の枠に整理された。*

楚も呉も越も、本来「蠻夷」である。ところが、楚・呉・越は「中国」の諸侯の国のように中央王朝の「封建」によってできたのではなく、みずから発生した「国」にもかかわらず、大国化し、そして中原諸国と接触して「華夏」の文化を取り入れ、「中国」の政治世界に参加し、「春秋五覇」(の一員)とまで称され、「中国」の国として認められるようになった。『左伝』と『国語』が楚国をほかの「蠻夷」と区別する理由は、まさに春秋時代における楚・呉・越の華夏化にあった。

「蠻・夷・戎・狄の中原進出」にせよ、「蠻・夷・戎・狄地域の中原化」にせよ、「中国」周辺の人々を「蠻」「夷」「戎」「狄」から「華夏」に変身させたこの二つの方法の背景には、いずれも「優れた華夏文明」の陰があった。「中原」の文化

『尚書』『書経』の異称。漢以降、宋代まで用いられた。西周から戦国時代まで書き継がれた中国最古の歴史の記録。王の誓いや訓告のことばが大部分を占める。

『国語』21巻。作者不明。春秋時代、諸国の国別の歴史を記した書。

＊「戎」は「山戎」「犬戎」「北戎」「陰戎」に、「狄」は「赤狄」と「白狄」などに分けられた。しかし楚国・呉国・越国が例外視された。「楚」も「呉」も「越」も、その後ろに「蠻・夷・戎・狄」が特別に付けられなかった。

獣面形器　青銅　商代　高15.5cm　陝西省城固県出土　城固県文化館蔵　当時このあたりで活動していた羌族の軍事用楯か、宗教用の仮面か。

三羊紋瓿　三匹の羊頭の飾りがついた瓿　青銅　高29.7cm　商代　出土したのは羌族の活動地域だが、作風には中原の漢族文化の特徴もみられる。

獣面形器　青銅　商代　高18.5cm　陝西省城固県出土　城固県文化館蔵

銅鉞　商代　長32.7cm　肩幅23.3cm　山東省益都県蘇埠屯出土　山東省博物館蔵　鉞は刑具として用いられたが、権力の象徴でもあった。

的広がりは、事実上文化的力による民族的膨張であった。しかし華夏族の膨張は、華夏族自身による他民族に対する強制的同化ではなく、むしろ被同化民族の自動的「帰化」を通じて実現したのであった。

4・「天は私照無し」――天の「徳」をもって天下を治める

「礼」の秩序から「蠻」「夷」「戎」「狄」を排除しないとの主観的な理由は、「天下」支配における徳治主義という普遍的な統治原理の存在であった。

中国の初期国家社会は部族連合体社会の基礎の上にできた社会である。部族連合体社会の特徴は、「酋長が真の実権を有し」、「酋長がその命令に従う役人を有し、比較的に正式な政治機構が構成され」、「酋長およびその部下の役人が特権を有し」、「酋長の地位がますます永久的になる」などであったとされている。つまり、部族連合体社会においてはすでに絶対的権威が求められはじめたのである。初期国家が樹立されてから、それ以上の絶対的な権威が必要となり、それに応じて「天」という抽象的な概念が作り上げられ、支配の正統性は「天」の意志―天命―に求められるようになった。

天子は天上の帝の意志を地上の人間に伝える仲介者として、天からの命を受けて「天下」を預けられたため、天の「徳」を以て天下を管理しなければならない。「天」の性格については、孔子*は次のように述べている。「子夏曰く、敢て問ふ、何を三無私と謂ふと。孔子曰く…天は私覆なく、地は私載なく、日月は私照なし」

孔子　こうし［前551?～前479］
儒教の始祖。はじめ魯に仕え、のち諸国を回って諸侯に仁の道を説いた。晩年は弟子の教育に専心。後世、儒教の祖として尊敬された。

地勢図

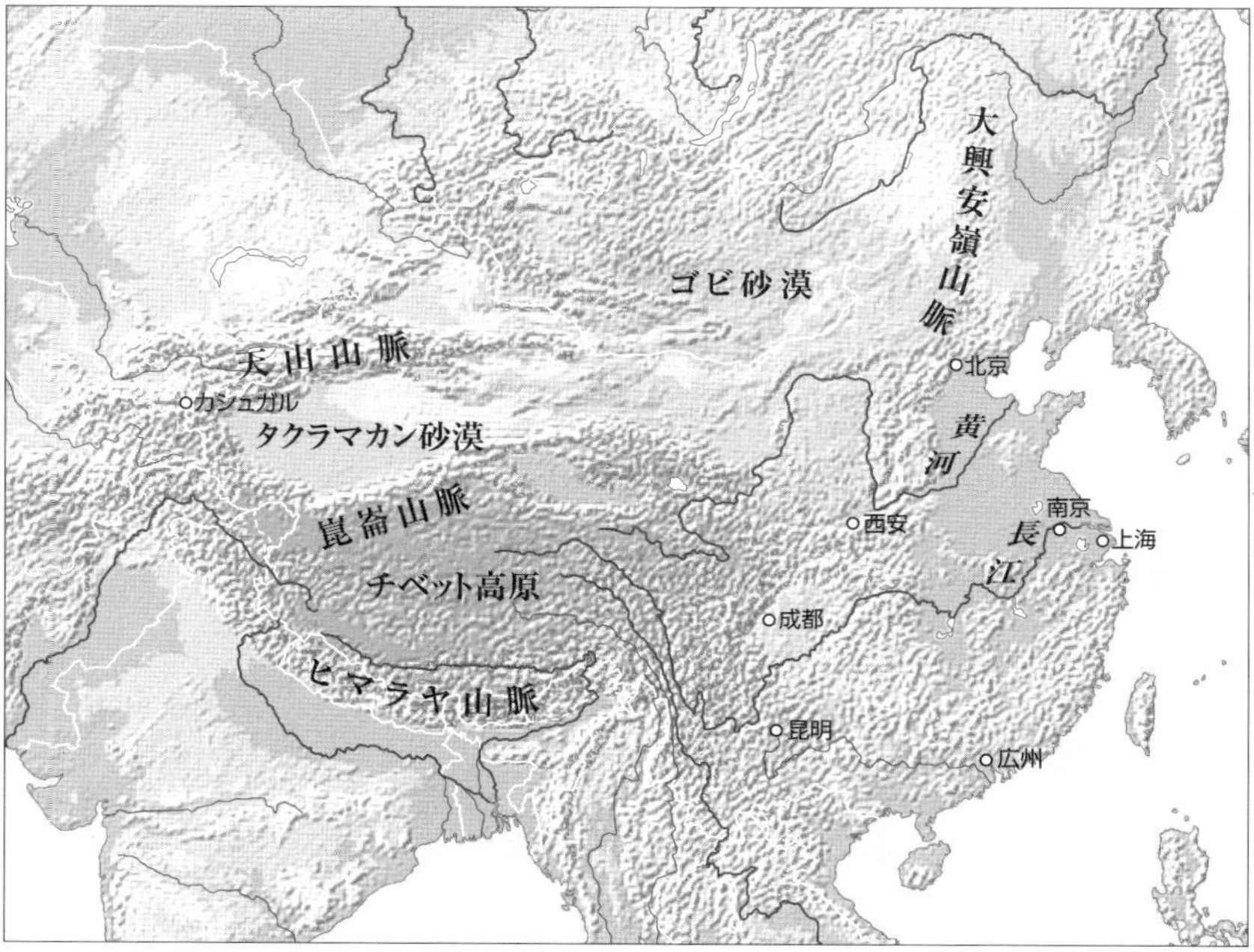

黄河　全長5500km。青海省から山東省まで９つの省を経由する。

（『礼記』孔子閑居）。「公曰く、敢て問ふ、君子は何ぞ天道を貴ぶかと。孔子対へて曰く、其のやまざるを貴ぶ」（『礼記』哀公）。つまり、「天」は時間的にも空間的にも一切の制限を受けない存在であり、孔子が「天命を畏れ」（『論語』季氏）と言ったように、「天命」は実に恐るべきものでもあった。

王朝の正統性は天命のあることによって証明される一方、もう一方では王朝の交替、とりあえず夏から商へ、そして商から周への王朝交替は、みな天命―天の意志―の下に起こったことであると解釈された。しかし天がその命を変えることは、支配者である王が天の「徳」を失ったときに限られた。これがいわゆる「革命」の理論の真髄であった。夏から殷商に変わる「成湯革命」も、商から周に変わる「殷周革命」もそうであった。

ここで注意すべきは、「明徳」が「天」の奨励する支配者の道徳として、「王」の支配正統性の証しとして繰り返して強調されたことであった。

こうした「徳治主義」は、春秋時代と戦国時代の支配的思想であり、「力」ではなく「徳」こそ諸国間関係の準則であるべきだという思想が一般的に流行していた。

そのような王者の「徳」は、「蠻」「夷」「戎」「狄」にも適用すると考えられた。「蠻」「夷」「戎」「狄」に対する不「徳」の行為は、「天命」の転換の理由にもなった。

その延長線にあったのは、一部の「蠻」「夷」「戎」「狄」の「中国」への反発

開成石経　唐の文宗開成2年（837）に刻された。計114枚の石の表裏に経典12部（「周易」「周礼」「尚書」「詩経」「儀礼」「礼記」「孝経」「爾雅」「論語」「春秋左氏伝」「春秋公羊伝」「春秋穀梁伝」）の文字が刻まれている。［西安碑林／陝西省］

双耳扁足銅鼎　肉などを煮た容器　高30cm　商代　足や耳のデザインが商越文化の融合をあらわしている

龍虎銅尊　酒器　商代　高50.5cm　口径44.9cm　この尊が出土した安徽省阜南県は当時淮夷が住んでいた。

双耳扁足銅鼎　部分

人面紋銅方鼎　商代　高38.5cm　湖南省博物館蔵　4面に人面が浮き彫りされている。湖南省山麓の窖蔵では単独で埋まっている青銅器が多く発見された。祭祀で使用したものか。

が「中国」の支配者の「不徳」の行為によって起こされたという考え方であった。
　戦争に対する嫌悪感は、当然「蠻」「夷」「戎」「狄」だけに向けられるものではなかった。一部の戦争に対して、その行為主体に関係せず、性格を客観的に評価することができた。「華夏」の異民族の国に対する侵略行為も、言葉の扱いを通じて非難されているのである。

　「礼」の秩序――「華夏」が主導する「天下」のシステム――から「蠻」「夷」「戎」「狄」を排除しないとの客観的理由と主観的理由とは、本来相互に無関係ではなかった。貝塚茂樹《かいづかしげき》*によれば、「春秋末期までに夏商周を構成する部族の子孫の国々はその民族的差異を超えて諸夏と呼ばれる同一の中国民族を形成した」のであった。その時代に部族と民族との区別が付き難く、中原地域の出身ではない夏と商の祖先も「蠻」「夷」「戎」「狄」であった。

　本来多元的――多部族・多民族の――人々を同一の「中国」に融合するには、絶対的権威を有し、絶対的に正しく、各部族・各民族を一律視して平等に扱うはずの「天」が大きな役割を果たしたのは間違いない。そこで「天」は、時間（夏・商・周の三時代）と空間（各部族・各民族）を超えた「徳」という政治倫理体系を誕生させたのであった。

　「華夏」と「蠻」「夷」「戎」「狄」は各々の文明を代表する概念であったことから、先秦時代の中国人は文明の相違から「民族」を区別していたことがわかる。換言すれば、先秦時代の中国人が見ていた「民族」は実は文明共同体であった。

貝塚茂樹　かいづかしげき［1904–1987］著「京都大学人文科学研究所蔵甲骨文字」（京都大学人文科学研究所）、「中国の古代国家」（中央公論社）など。

人類社会はそれぞれの生産様式と生活様式を営み、「中原」という地域の農業文明の社会を基礎に生成した「礼」は、単なる「華夏」か「蠻」「夷」「戎」「狄」かだけではなく、各人間集団の文明的水準を測る物差しにもされたことから、先秦時代の中国人は民族差別の意識があったことがわかる。

しかしほかの側面から見れば、こうした民族差別意識が存在しなかったとも言えるかもしれない。「華夏」自身も多くの部族・民族の「中原化」と「華夏化」を通じて形成した人間集団であり、またこうした形成過程において絶対的権威――「天」――の下に普遍的統治倫理――「徳」――も確立されたのであった。そのため、先秦時代の中国人は、文明はそれぞれの人間あるいは人間集団が生活する自然環境と社会環境によるものであり、「蠻」「夷」「戎」「狄」が後天的学習を通じて農業文明社会の「礼」を身につけて、つまり「華夏」になることも可能であると考えていた。

無論、「華夏」は「礼」を放棄して、つまり「蠻」「夷」「戎」「狄」になることも可能であると考えられていた。しかし「文化」とは、本来徳治をもって教化することを意味するものであり、とくに「蠻」「夷」「戎」「狄」が「華夏」の文明様式を受けて「華夏」になるのは、むしろ先秦時代の中国人にとってごく当然のことであった。注目すべきは、こうした民族認識は「蠻」「夷」「戎」「狄」が「礼」のシステムに引き込まれることを許し、中国の歴史上に大きな影響を残したことである。そのため、元・清のような「蠻」「夷」「戎」「狄」による「征服王朝」も最終的に中国の正統王朝として認められ、「中国」は「蠻」「夷」「戎」「狄」の「中原化」と「華夏化」を通じて、つねに拡大していく趨勢にあったのであった。

第二章　多民族天下の起源
——夏・商・周

中国の歴史研究において、「華夷対立」が図式化されている。一部の学者は「華夷峻別《しゅんべつ》」、「蛮夷排撃」といった意識が先秦時代にも形成され、また中国史上においてずっと存在すると考えている。しかしもしそうだとすれば、版図がますます広がる中国の歴史は理解し難くなる。先秦時代は、中国の文化と思想の萌芽期であった。中国の文化―中華文化―、とくに「天下」という思想においては、中国と周辺地域との関係、中華文化を共有する人間集団と異文化の人間集団との関係は、どのように規定されているのか。本章では、おもに先秦時代における「中国」と「四夷」との交通史を背景に、同時代に発祥した「天下思想」の構造に対する検討を手がかりとして、中国における多民族国家思想の原点を探りたい。

1・「四海之内」（延々と広がる陸地）は論理上の「天下」

司馬遷《しばせん》の『史記』*によって、中国の歴史が「三皇五帝」の時代からはじまるという中国歴史学の伝統は作り上げられた。「三皇」は「天皇《てんこう》、地皇《ちこう》、泰皇《たいこう》」（泰皇はまた人皇《じんこう》）とされ、後世の想像にすぎないものが多い。しかし「五帝」（黄帝《こうてい》、炎帝《えんてい》、尭《ぎょう》、舜《しゅん》、禹《う》）の時代に関する伝説はかなりの信憑性をもち、「五帝」および彼らが代表する人間集団と歴史時代、彼らの一部の活動と活動地域などは真実であるという指摘は昔からあった。「五帝」の最後に当たる禹は、中国の歴史上における最初の国家である夏王朝の創始者啓《けい》の父であるため、「五帝」の時代は、実際中国の前国家社会時代に当たる。

天皇氏　人皇氏　地皇氏「三才図会」より

『史記』 130巻。司馬遷［前145–前86］の著した歴史書。上代から漢の武帝の前122年までの史実を記した正史。

古代中国人は「天圓地方」（天が圓であり地が方である）と考えていた。ほぼ四角の陸地は周囲の四つの海―東海、南海、西海、北海―によって囲まれたということになる。この延々と広がる陸地―「四海之内」―は、中国の最初の国家である夏の領域であると考えられる。この「四海之内」が、多くの場合は「天下」とされていた。*

「四海之内」、「溥天《ふてん》*之下」には正統王朝が一つしかなく、船と車で行けるところ―陸地の連続したはて―までは住民がすべて正統王朝の民であるとの考え方は、中国の正統王朝支配理念の基本的内容をなしている。

論理的には、「四海之内」イコール「天下」の認識は、「天」の理念が誕生し、そして人間の最高支配者が「天」を代表して世界を支配するようになってから生じるのである。「天」は、周の時代に誕生したという説もあるが、中国の古代文献によれば、遠い昔にできたことになる。

甲骨文の中では、「天」の概念が多くの場合に「帝」によって示された。郭沫《かくまつ》若《じゃく》*は、商人の卜問の対象は天であり、卜辞*に現れる帝はすなわち至上神であると説く。

「帝」は、供え物を神棚の上に乗せ燃やして天を祭る指事の文字である。夏商周の時代を通して祭祀は重大な国家行事である。「享」は、煮物を高く挙げて神に供える指事の文字であった。

「帝」と「享」とは、祖先神を祭る「行事」であるという説もあるが、しかし

＊「四海之内」が「天下」であるという考え方の基本は、『詩経』小雅・北山篇の言う「天の遍く覆う所の下は皆王の領地であり、陸地の連続したはてまでの住民はすべて王の臣民である」という認識であった。

溥天　天のおおう限り。天下。

郭沫若　かくまつじゃく［1892－1978］文学者・歴史学者。楽山（四川省）の人。詩集「女神」、戯曲「屈原」など。

卜辞　うらないのことば。また、殷代、占った事柄を亀の甲などに刻みつけたもの。

空間的には人間より上である精神的存在が、どうも「天」、あるいは抽象的な「天」に変わった祖先神である可能性を示している。祖先神が「天」に化けることは、人間の最高支配者が「天」の子息―「天子」―である思想の源ではないかと思われる。「帝立子生商」(「上帝その子を立てて商を生ましむ」)が示したように、「帝」は商という国家を樹立するために「子」を立てたのではなく、「子」を立ててから商を誕生させたのである。「帝」―「天」―の「子」があったからこそ王朝が成り立つのである。

最高支配者が「天」の「命」、すなわち意志によって支配者になったという考え方は、殷商時代に萌芽したと思われる。貝塚茂樹は、支配者が「天」の子息であるとの思想、支配者が「天」の「命」を受けているとの思想は、みな殷商時代に萌芽し、周代に定着したと論じている。

「天」という意識は周代以前からあった意識であるが、しかし「天子」という言葉は、周代の文献ではじめて確認できる。「天子」が「天」から預けられたのは、すなわち「天下」である。そして、「四海之内」イコール「天下」という明白な認識も、やはり周代の文献で初めて現れてきたのである。

「西よりし東よりし、南よりし、来り服さぬものもなし」「四海の内皆兄弟なり」と言うように、「天下」は中国の正統王朝の支配理念によって無限大化されている。しかし実際は理論上の想像にすぎないことは明らかである。

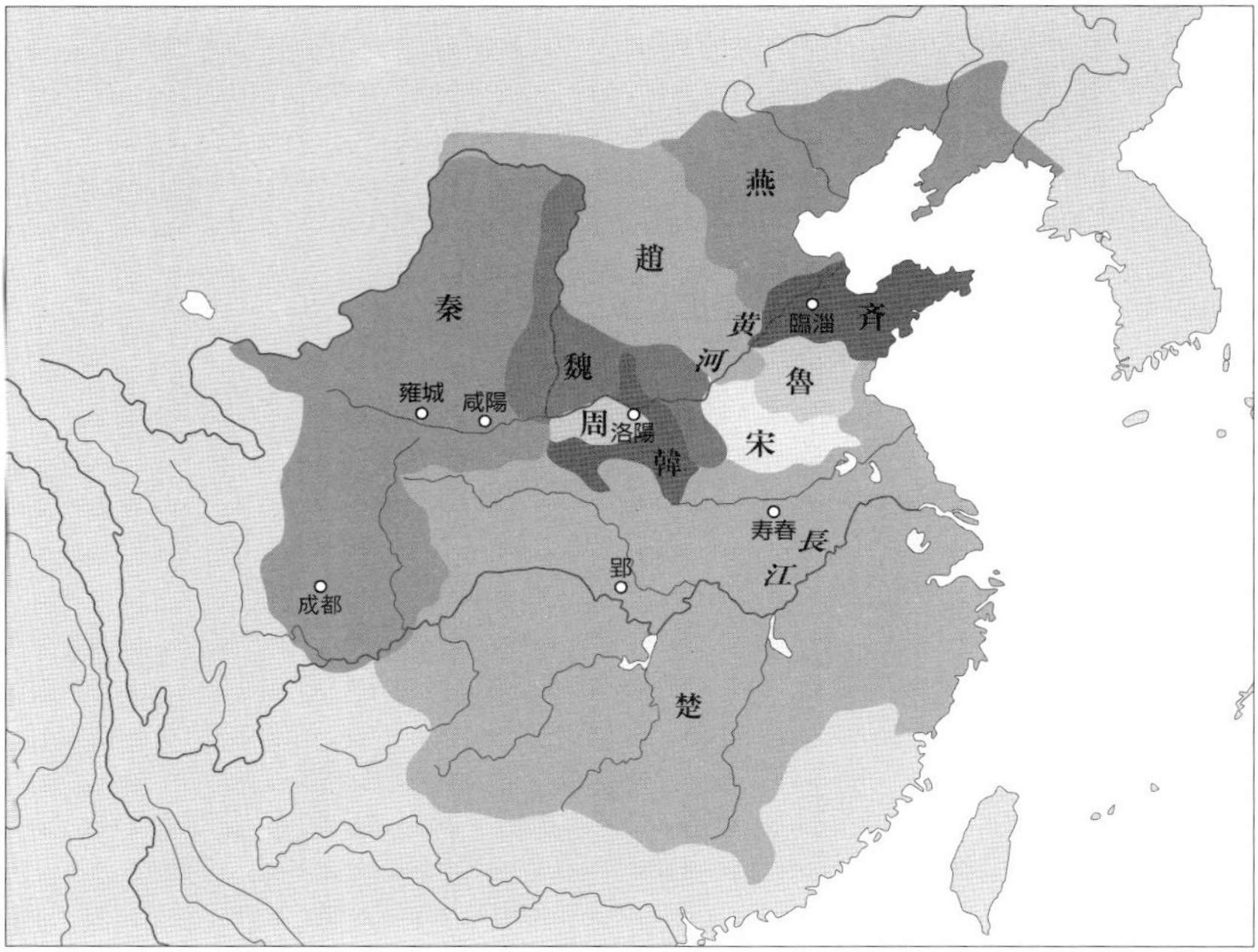

春秋戦国時代

星宿海　黄河の源流の湿地帯

2・「九州」(部族国家群)は現実の「天下」

中国の古代文献の中で、「四海」と同じく「天下」の概念を表す用語に、「九州《きゅうしゅう》」がある。*

州は、甲骨文ではと書き、水の中央の高台の形を指す。許慎の『説文解字』も、「水中可居曰州」(水の中央の人間の住めるところは州である)と解説している。ここから、人間の住む地域が州であるが、これは前国家社会時代の大洪水に関係すると想像がつく。ただし、「九州」を地理的概念のみで理解することはできない。

前国家社会から初期国家社会への移行期まで、多くの独立性の強い部族が「九州」に暮らしていた。

一部の学者は、中国の前国家社会は「部族連盟社会」ではなく、「部族連合体社会」であったと指摘している。部族連盟が各部族のみずからの意志によって盟友関係を結ぶのと違って、部族連合体はある有力部族が軍事征服を通じて複数の部族をみずからの下に結集させて形成されたものである。「五帝」の時代の黄帝と炎帝との戦争、黄帝と蚩尤《しゆう》*との戦争、顓頊《せんぎょく》*と共工*との戦争などは、みな部族間戦争であり、多発した部族間戦争は結局部族連合体の成立を促した。

族は、本来戦闘集団を意味する。* はっきり証明できる考古学の資料が見つかるまで、「九州」と「九族」とをただちに結び付けることはできないが、交通手段

*たとえば、『詩経』商頌・玄鳥篇の「九州を奄有し、…領域を四海まで開く」、『礼記』月令篇の「凡そ天下九州の民は、力を尽くさないものはいない」とはそれである。

蚩尤 しゅう 伝説上の黄帝時代の豪族。兵乱を好み、黄帝に滅ぼされた。

顓頊 せんぎょく 伝説上の天子。黄帝の孫。舜の先祖。

共工 きょうこう 帝尭のとき、洪水をおさめた官

*甲骨文の「族」は「衆」と「矢」とによる会意文字であり、許慎の『説文解字』はさらに「族、矢鋒也、束之族族也」(族は矢の刃であり、それを束にして「族」になる)と解説している。

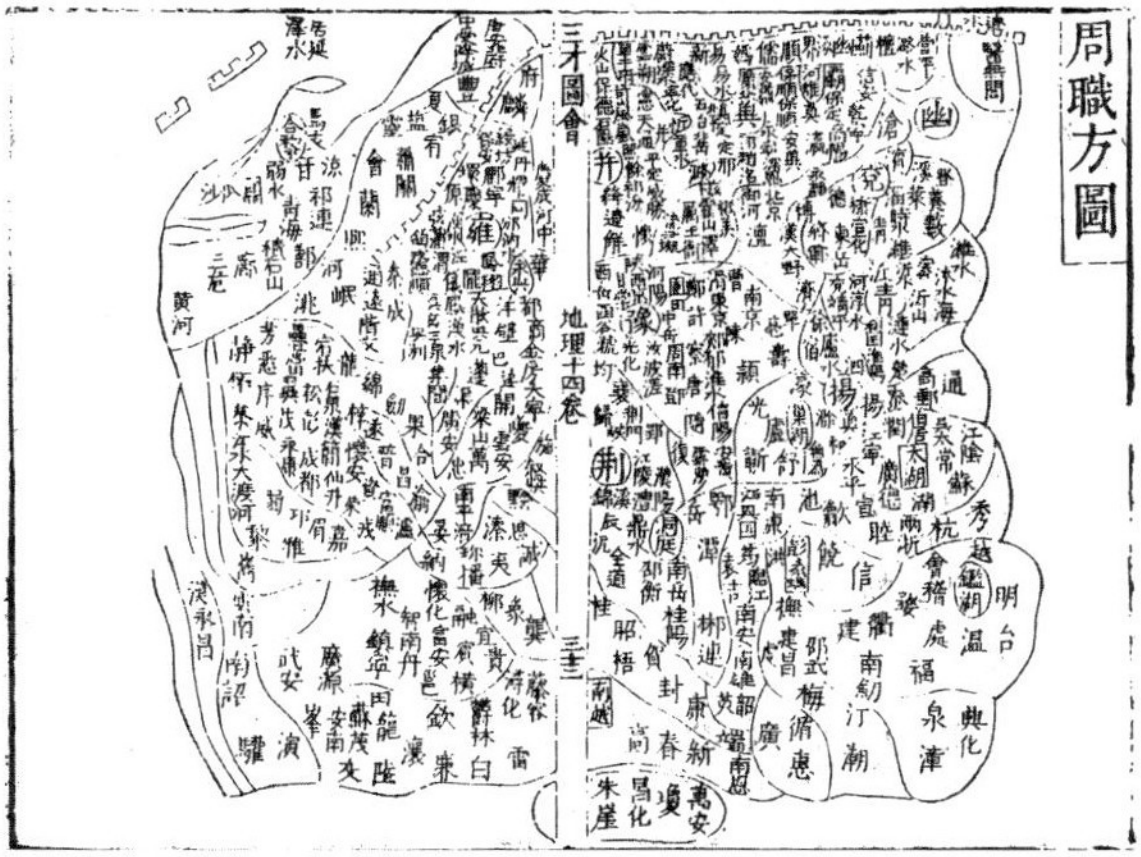

周の九州 「三才図会」より

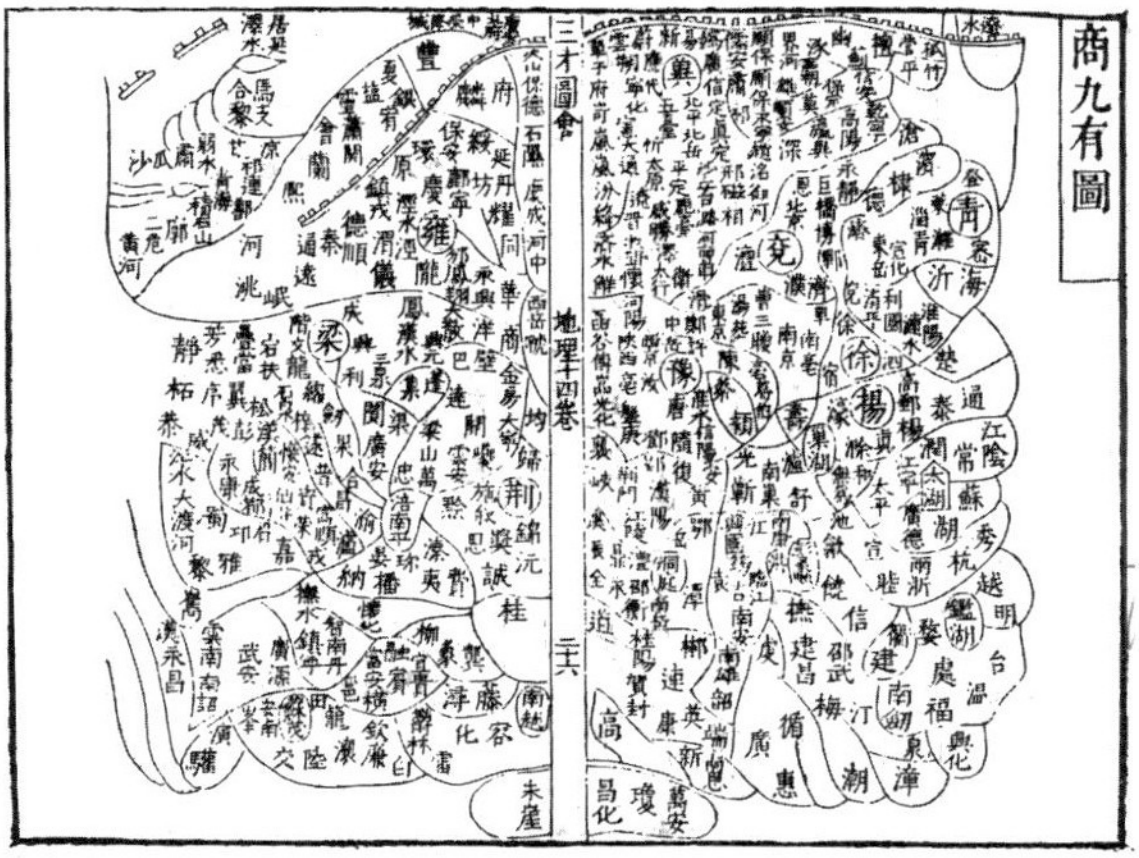

商の九州 「三才図会」より

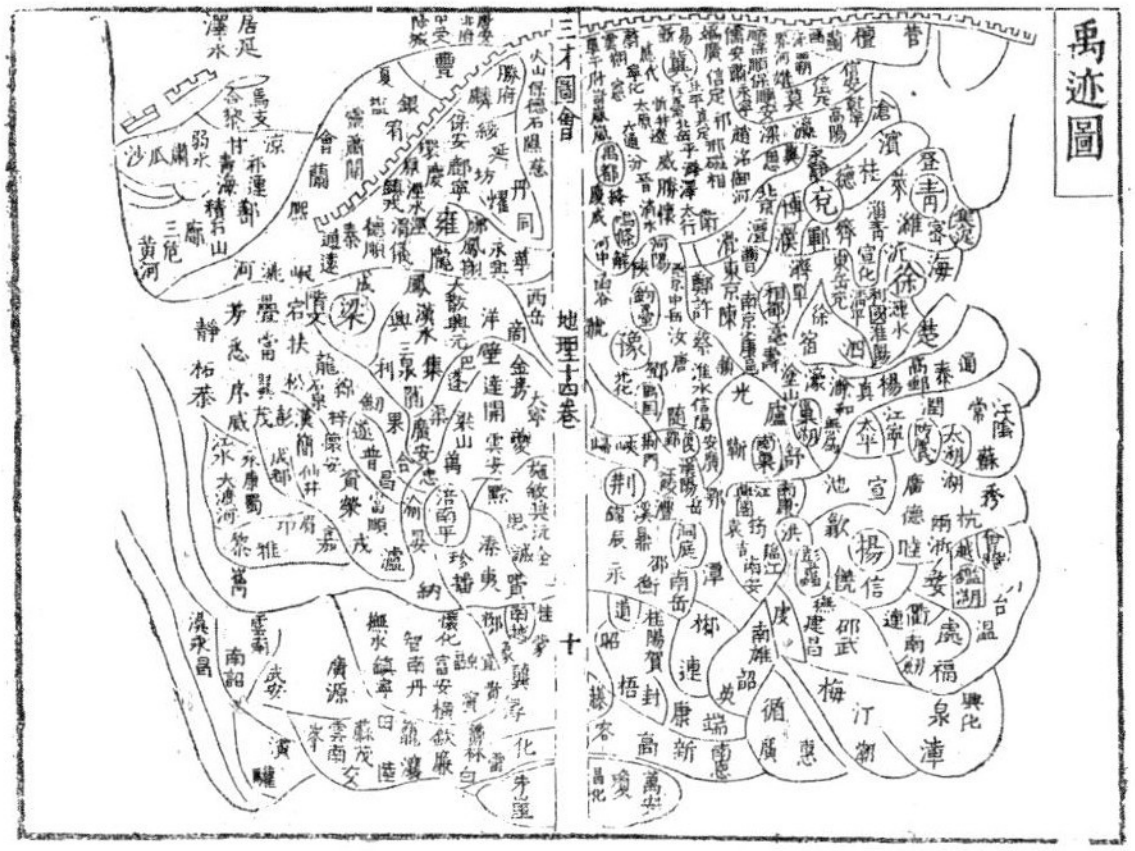

禹時代の九州 「三才図会」より

が限られた当時、大きな川は戦争が多発する部族間のなによりもの砦であり、交通を中断させる地理的隔たりは政治的独立の要因にもなる。言い換えれば、「州」は、部族あるいは部族連合体による政治共同体の単位であった可能性もある。

不平等な部族関係は、中国の初期国家であった夏、商、周における国家の組織関係であったという説もある。それによれば、初期国家の特徴は、社会が階級的に分化し、王と官僚もあったが、社会の基本単位は依然として血縁関係に基づく部族であったという。王朝あるいは諸侯国の支配者を意味する「皇」「王」「后」「侯」は、発音においても、意味においてもみな部族の首長―「酋豪」―の「豪」からきたという。諸侯国の林立は、部族がもつ強い独立性によるものであり、周王朝の「封建」も王室が「協和万邦」と唱えたのも各部族を懐柔するためのやむを得ない手段に過ぎなかったと考えている学者もいる。

王朝の領土は九つの州まで及んだかどうかは別にして、「州」は、部族あるいは部族連合体に基づく中国初期国家社会の政治単位であった可能性が強い。

しかし注意すべきは、「九州」を言及した文献もほとんどは周代以降のものであり、しかも文献によって「九州」の内容もそれぞれ異なることである。*「九州」の内容が一致しない現象は、時代によって王朝の支配地域も、中央朝廷と地方との政治関係も違うことによるものと思われる。禹が死んでから、禹の息子啓が禹が選んだ後継者益を殺し、みずから首領の地位に着いた。権力伝承の新しい形―世襲―の出現は中央権力の強化をもたらし、約紀元前二一〇〇年に中

*馮天瑜『中華元典精神』によれば、『左伝』は戦国時代初期の作品で、『詩経』の商頌は、商代以降の人によってまねて作られたものであるという。『尚書』禹貢篇による「九州」は、冀州（河南省西部、山西省南部と河北省南部）、袞州（山東省北部）、青州（山東省南部）、徐州（安徽省）、揚州（江蘇省と江西省）、荊州（湖北省）、豫州（河南省南部）、梁州（甘粛省）、雍州（陝西省）であり、『周礼』夏官司馬篇による九州は、揚州（東南地方）、荊州（南面地方）、豫州（河南地方）、青州（東面地方）、兗州（河東地方）、雍州（西面地方）、冀州（河内地方）、幽州（東北地方）、並州（北面地方）である。また『呂氏春秋』有始覧によれば、九州は「河漢の間を豫州となす、周なり。両河の間を冀州となす、晋なり。河済の間を袞州となす、衛なり。東方を青州となす、斉なり。泗上を徐州となす、魯なり。東南を揚州となす、越なり。南方を荊州となす、楚なり。西方を雍州となす、秦なり。北方を幽州となす、燕なり」となった。

二里頭遺跡［河南省偃師市］洛河のほとりにある二里頭文化の中心遺跡。「夏」の王都遺跡と考える研究者が多い。1959年から発掘が始まり、大型建築や工房の跡、墓が発掘された。現在は埋め戻されて田園地帯が広がる。東に偃師商城、西に漢魏故城などの遺跡がある。

二里頭宮殿の復元模型

陶爵　酒を温め注ぐ器　二里頭文化　高17.8cm　河南省博物館蔵

銅爵　酒器　二里頭文化　長さ14.5cm　河南省偃師二里頭出土

国の歴史上に最初の国家夏が中原地域に誕生した。夏国家の文化を代表するものは、一九五〇年代末に発掘された河南省偃師《えんし》県二里頭《にりとう》文化遺跡とされている。現在に至って百に近い二里頭文化型の遺跡が見つかっている。それらは大体河南省西部と山西省南部に集中している。つまり、夏国家の領域は、主に現在の河南省西部と山西省南部に限られた。ある学者の試算によれば、その面積はわずか十万平方キロメートルにすぎず、「冀州」の一州に当たるぐらいであった。夏国家の領域でさえそうであれば、『尚書』禹貢篇が言っているように禹が「九州」全体を支配していたことも当然ありえない。*

周になってから国家の領土は初めて「九州」に及んだのである。

要するに、「四海之内」は正統王朝の支配理念上における「天下」であり、「九州」は、「周天子」の（西周時代のように）政治力が事実上及ぶ、あるいは（春秋戦国時代のように）及ぶべき地域であり、周王朝の事実上の「天下」であった。

3・「五服」（五つの政治的服従関係）で示す想像上の「天下」

中国の古典においては、「四海之内」と「九州」が主に「天下」の範囲を規定するものであり、「天下」の内訳について「五服制」という説がある。つまり天子の所在地域を中心に、それと離れる距離によって、天下は順次五つの地域に分けられ、各地域の天子に対する服従関係の性格も異なるということである（左頁図）。

＊『尚書』禹貢篇は、西周の文・武・周公・成・康の全盛時代から、穆王までの間（紀元前1122頃−）に、当時の太史官によって書かれたのである。『尚書』禹貢篇の言う「九州」は、実は西周初期の栄えている時代の政治関係を表すものであり、『呂氏春秋』有始篇による「九州」は戦国時代の政治関係を表すものであった。

■「五服制」による「天下図」

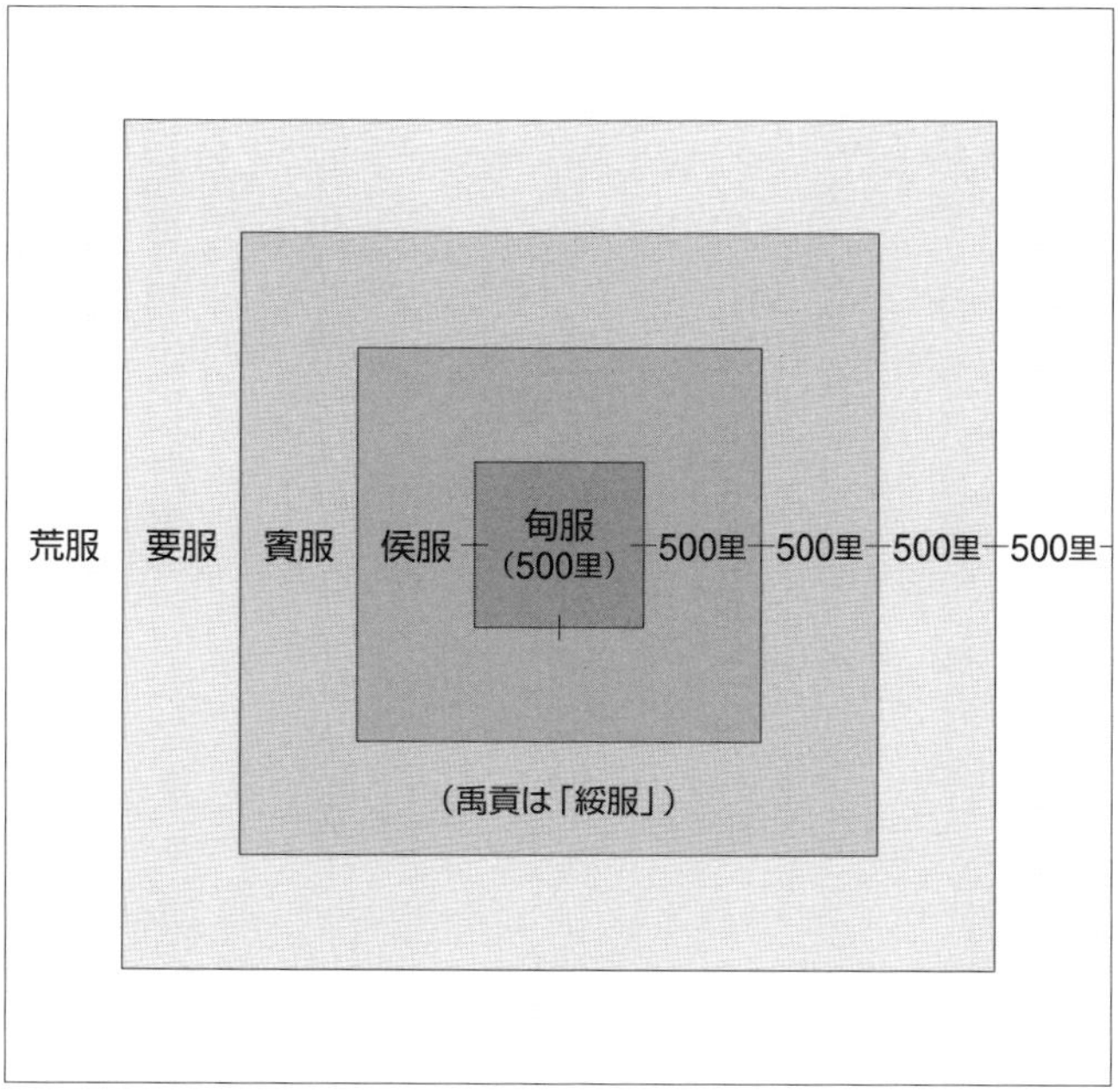

『国語』周語上、『尚書』禹貢、『荀子』正論より作成。

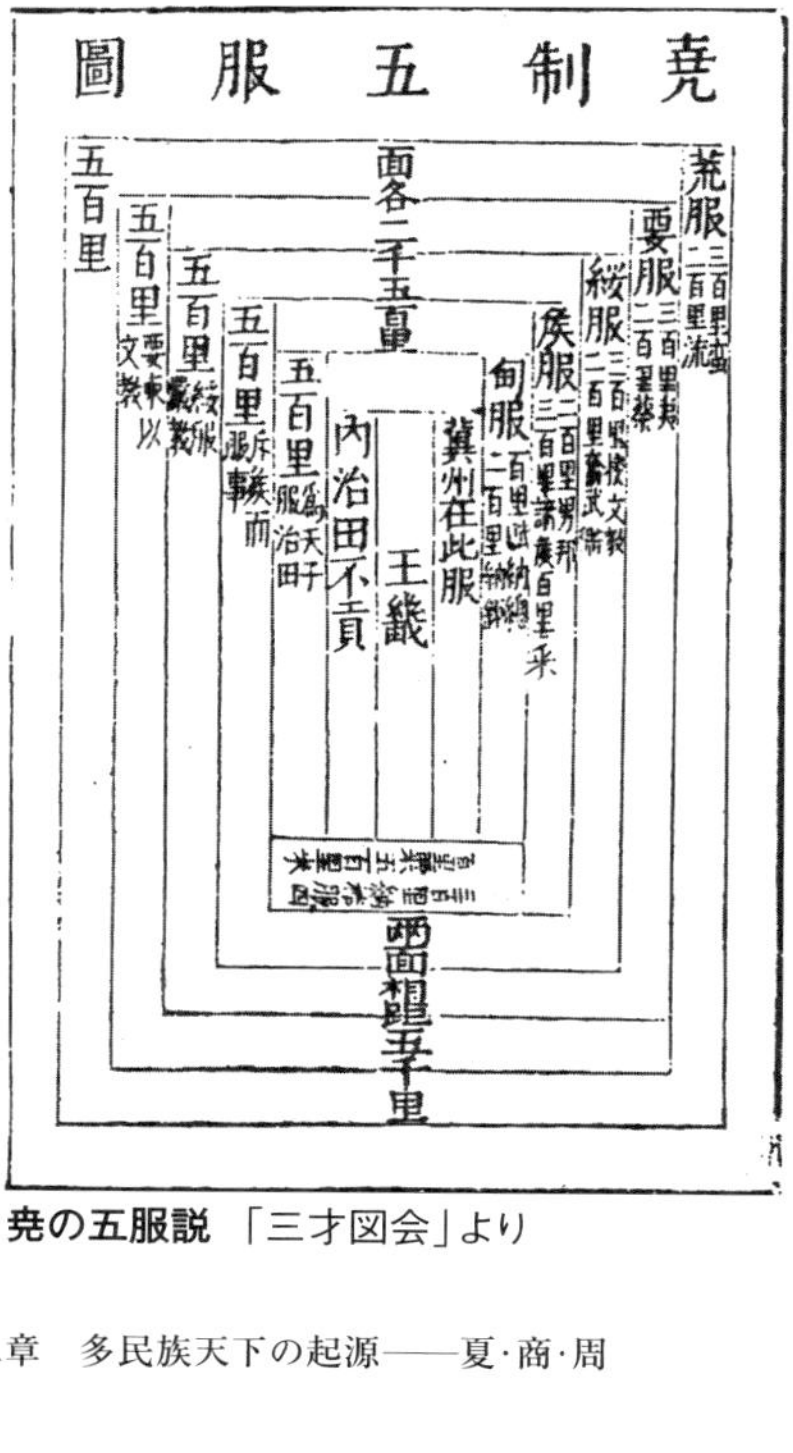

堯の五服説 「三才図会」より

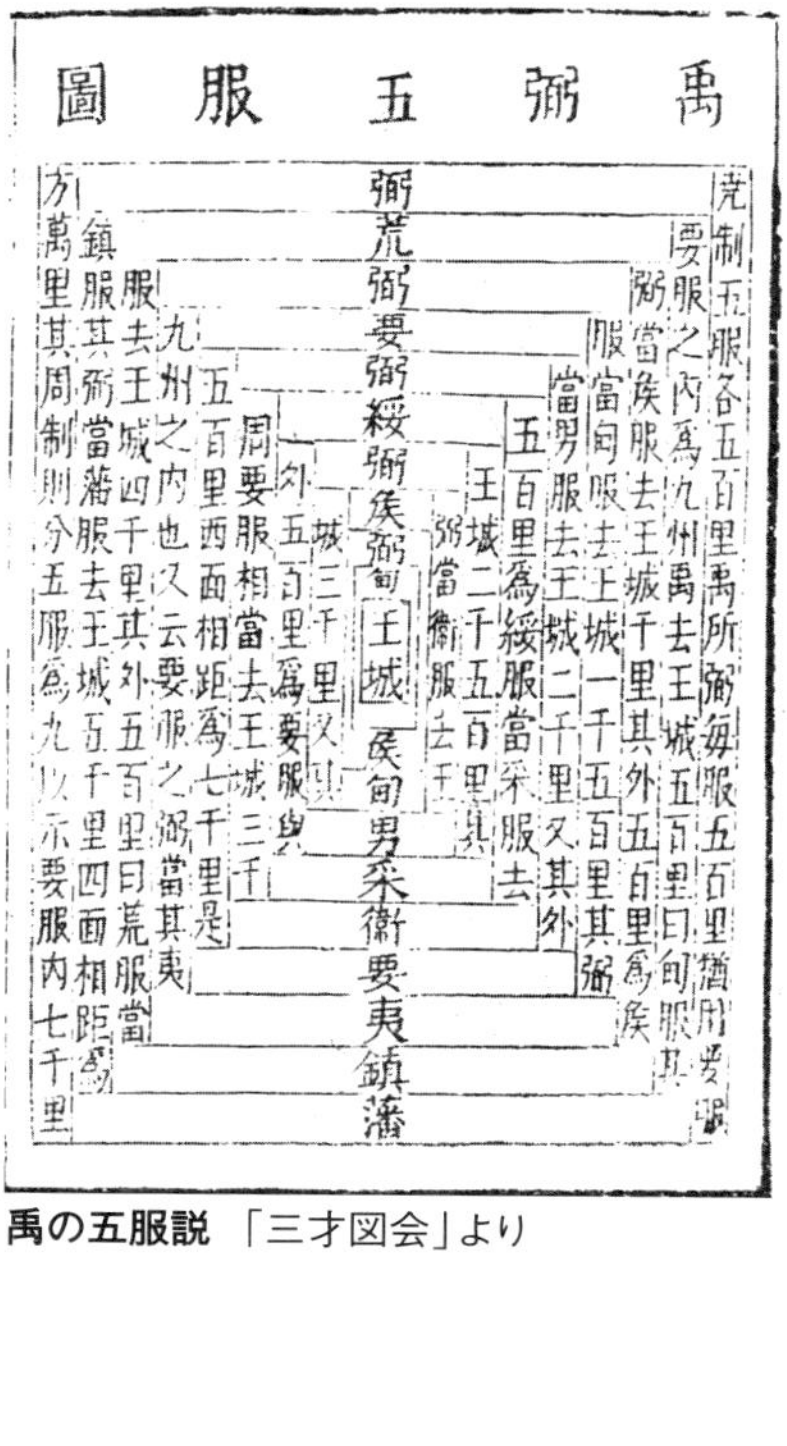

禹の五服説 「三才図会」より

「五服」に対する解釈は説によってそれぞれ違うが、ここではもっとも明快な顧頡剛《こけつごう》*説に従う。甸服とは天子の直轄地であり、王朝が衣食を頼る所である。侯服にあるのは王によって封じられた諸侯国である。賓服にあるのは客と見なされた前代王朝の王族後裔による諸侯国である。要服にあるのは中原に長く居住して文化が中原からの影響を受けているが、しかし新王朝との政治関係が浅い異民族である。荒服にあるのは中原から遠くて中華文化の影響を受けたことがなく、時々侵略してくる異民族である。

「天下」を「五服」に分ける、すなわち血縁的表現を通じて天子を中心とするさまざまな政治的服従関係を示す発想は、各王朝の血縁関係に基づく「封建」制度からきたものである。『説文解字』*によれば、「服」は服事の意味で、古い字ではにんべんであり、つまり、本来血縁関係に照準して考えられた人間および人間集団間の親疎関係であった。王朝の「封建」は、大体天子が近親者に土地を分け与えて諸侯に封じることからはじまる。*商王朝の諸侯国も人口の増殖によって王族が分家したものである。*

そのため、王（天子）と諸侯との関係は、政治的関係で言えば、「王」か「（諸）侯」かとなるが、家族血縁の関係で言えば、本家と「公」「伯」「子」「男」の関係となるとも言われる。「国」は「家」に基づきできたものであるため、「国の根本は家にあり」（『管子』権修）「国を治むるは其の家を齊えるにあり」（『大学』）となるのである。

顧頡剛　こけつごう［1893–1980］歴史学者。常州（江蘇省）の人。アモイ（厦門）大学、燕京大学などの教授を歴任。古文献の考証と民間の歌謡・説話の採集につとめ、神話・伝説の解釈に新生面をひらいた。

『説文解字』　14編。100年頃成る。中国で現存最古の漢字の解説書。甲骨文字の発見で、時に著者許慎の解説に誤りがあることがわかったが、妥当なものが多い。

＊『史記』夏本紀によれば、夏王朝は禹の子息にそれぞれ国を封じ、国の名前を姓氏としたという。

＊『荀子』儒効篇によれば、「（周公が）兼ねて天下を治め、71の国を立てて、中に姫姓だけが53人もいた」という。つまり、「封建」親戚、「親類を諸侯に封じ、以て周を守る」（『左伝』僖公二十四年）としたのであった。

帛画に描かれた貴婦人
戦国　31.2×23.2cm
湖南省長沙陳家大山楚墓出土　墳墓の中から発見された帛画に描かれるのは墓主だという見方からすれば、この女性は埋葬された人物だろうか。

漆器に描かれた乗馬人物
（復元図）戦国　湖南省長沙楚墓出土　冬の服装である。髪型はまだ漢人と異なる。

「封建」が最初血縁関係に従って行われたことは確かである。しかし「天下」が「五服」、つまり五つの政治的服従関係によって構成するという説は、ほとんど虚構にすぎないであろう。諸侯の領地を含め、領土は大体犬牙相制《けんがそうせい》*であり、きれいな四角となる領土はまずあるはずがない。また、各文献による「五服」の内容がそれぞれ異なっていることも、「五服説」の虚構性によるものと思われる。

まず「服」の名称が異なる。*また、「服」の範囲も異なる。一つの「服」は五百里であり、「方千里」の王の直轄地域―王畿《おうき》または国畿《こくき》―を入れても全部で三千五百里になる。しかし皐陶謨篇によれば「五服」は五千里となる。すなわち一つの服従関係の適用範囲が一千里であり、「五服」が五千里となり、四海以内の住民がすべて「五服」の秩序に組み込まれた。つまり「五服制」は中国の天子の直接支配地域を中心とする世界図そのものである。*

「五服制」の「天下」は、実在したものではなく、後世の人によってまとめられた部分が多く、「大一統」の帝国が樹立する前後の社会思潮を反映するものに過ぎなかった。

4・内服・外服（直轄地と諸侯国）によって構成された「王朝」

こうした想像した「天下」とは別に、一部の学者は、「内服《ないふく》」・「外服《がいふく》」の存在こそ商の国家構造の中でもっとも重要な特徴であると主張する。その中に「殷王朝は内服つまり中央の殷王国の直轄領と、外服つまり周辺の独立、半独立の諸国

犬牙相制 犬の牙がくいちがっているように、両国の国境が入りまじって接していること

*『尚書』禹貢篇では、「五百里は甸服、…。五百里は侯服、…。五百里は綏服、…。五百里は要服…。五百里は荒服」となっているが、『国語』周語上によれば、「先王之制、邦内甸服、邦外侯服、侯衛賓服、夷蠻要服、戎狄荒服」となる。

*実際、尭・舜・禹に関する『尚書』の虞夏書は周の後期あるいは秦漢の間の儒学者によるものであり、その中の禹貢篇・甘誓篇・洪範篇は戦国時代以降の作品であるとも言われる。

の間接統治領とに分かれる」とまで指摘する学者もいる。つまり、王朝内部は「内服」―最高支配者が直接管理する地域、王畿―と、「外服」―王畿の外部にある各諸侯国―の二つの地域に分かれたという説である。*

この学説はかなりの信憑性をもつと思われる。東土、南土、西土、北土の総称は「四土」であり、周囲の諸侯国を指しているのではないかと思われる。「四土」に対応している「商」は、商王朝の中央部にある王畿を称するものであり、卜辞ではまた「大邑商」、「天邑商」、「中商」を以て商の王畿と称している。

考古学資料の欠如によって、王朝内部を「内服」「外服」に分ける制度が、夏の時代に形成されたかどうかは確認できない。しかしその制度が周代まで存続したのは確かのようである。*

一部の文献では、「内服」イコール「甸服《でんぷく》」とされている。王朝の根本とされた「甸服」は、すなわち王朝の直轄領―内服―である。しかしほかの文献では、「甸服」がまた「外服」(の国)とされている。

こうした混乱は、王朝の政治秩序に血縁的と階級的要素が混在する段階で起こったのではないかと思われる。そもそも、侯・甸・男・衛・邦伯とは、一体諸侯の最高支配者に対する政治的関係を意味する用語なのか、それとも諸侯自身の階級を意味する称号なのか、ということさえはっきりしない。公・侯・伯・子・男は諸侯の階級を表す爵位であるとはっきりわかる。しかしこれらの血縁関係を思わせる称号は、明らかに侯・甸・男・衛・邦伯などからきたものである。

*甲骨文の卜辞に「王は今年商の収穫について占う。結果は吉であった。そして東土の収穫は、南土の収穫は、西土の収穫は、北土の収穫は(と王が引き続き占った)」という一文がある。

*金文のなかに長文で有名な西周後期の青銅器大克鼎には、「丕顯天子、天子其万年無疆、保乂周邦、畯尹四方」という銘文があった。ここでは「天子が永遠不死」という「天下」が時間的に無限大であるとの理念が見える。しかし「周邦」が「天下」を指していると考えれば、「天下」が空間的にも無限大であるとの理念は見えて来ない。そのため、ここの「周邦」は実は周の王畿、すなわち「内服」を指し、「四方」は王畿周辺の諸侯国、すなわち「外服」を指していることがわかる。

顧頡剛によれば、公・侯・伯・子・男が諸侯階級の表示として現れたのは、後世のことであり、本来「侯」と「男」だけが爵位で、「公」は諸侯の通称であり、「伯」は本来宗族の中の「大宗」を指すが、複数の諸侯国の領袖も「伯」と呼ばれて後に「覇」に転じ、「子」は本来諸侯の子を指すが、未成年の領主、蠻夷の首長など王の任命を受けていない領袖はすべて「子」と称したという。* 要するに、この呼称の変遷ぶりから、王朝内部の政治秩序はますます血縁的から離れて階級制に移行していったのがわかる。

内服・外服制度の成立は、王朝の政治秩序が完全に血縁関係で規定されていないことを物語る。王朝の拡大に従い、王朝内部の非血縁的部分もますます大きくなった。

貝塚茂樹によれば、現在の度量法に換算すれば、中クラスに当たる方百里の諸侯国の広さが三千六百平方キロにもなるという。*「九州千七百七十三国」とは疑いなく誇張された数字であるが、多くの諸侯国が存在していたのは疑えないことであろう。すべての諸侯国が王室と血縁関係をもつことはとうてい考えられない。夏・商・周のいずれの時代にも王室と血縁関係のない諸侯国が存在していた。部族連合体社会という基礎の上に建設された中国史上最初の国家であった夏は、各部族を地域的政治単位—諸侯国—に編成した可能性が高いと推測された。考古学による商文化分布に関する研究から、商王朝が支配している領域は非常に広かったことがわかる。なかには、一部の部族・部族共同体、あるいは国となる人間集

＊顧頡剛「職貢」『史林雑識初編』。この説は各文献の公、侯、伯、子、男に関する説明の不一致によっても裏付けられる。例えば『周礼・地官司徒』によれば、「諸公之地、封疆方五百里、其食者半。諸侯之地、封疆方四百里、其食者参之一。諸伯之地、封疆方三百里、其食者参之一。諸子之地、封疆方二百里、其食者肆之一。諸男之地、封疆方百里、其食者肆之一」となる。

＊貝塚茂樹『中国の古代国家』。3,600平方キロ×1,773国＝6,382,800平方キロ、ちなみに、現在の中国の広さが960万平方キロである。

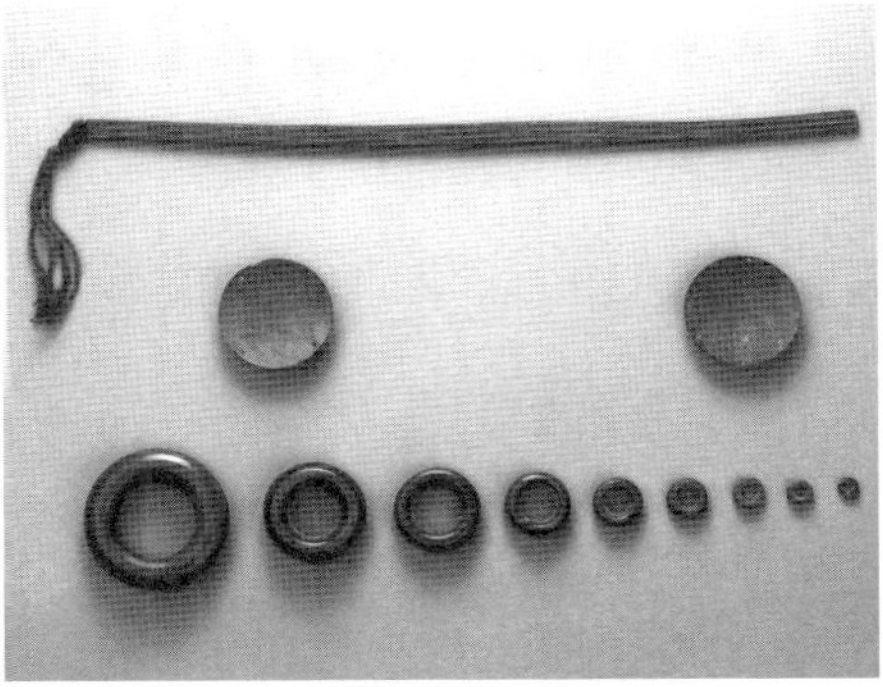

天秤と環権（おもり） 戦国　木の竿と二つの銅皿。9つのおもりは0.6−125g。商業が発達していた楚国で、切って使用する貨幣などをはかるのに使ったと思われる。

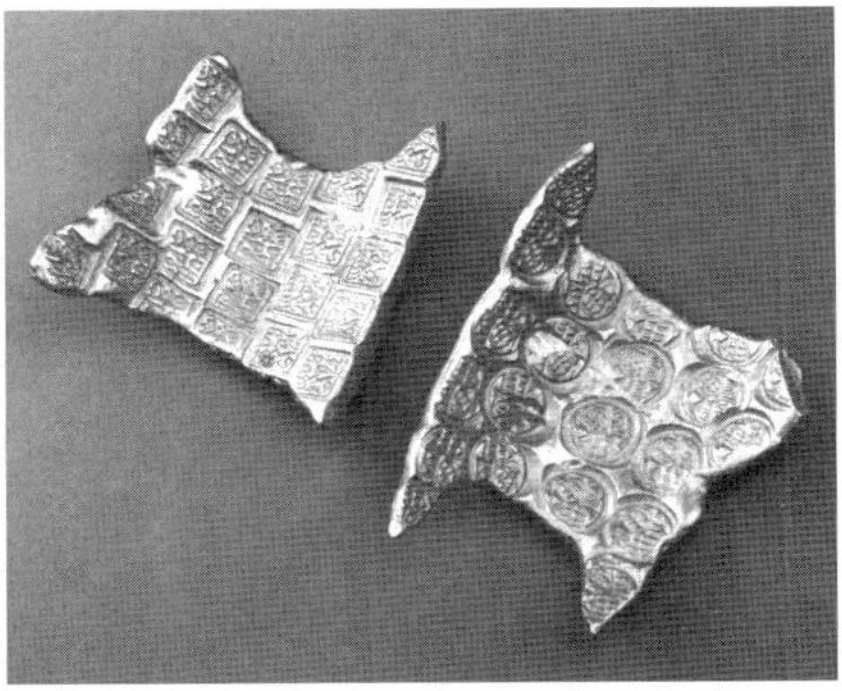

郢爯と盧金 戦国　楚国でつくられた純金の貨幣。小さく切り、重さをはかって使う。

「三晋」布幣 戦国　長さ6−8cm　主として韓・趙・魏で流通した貨幣

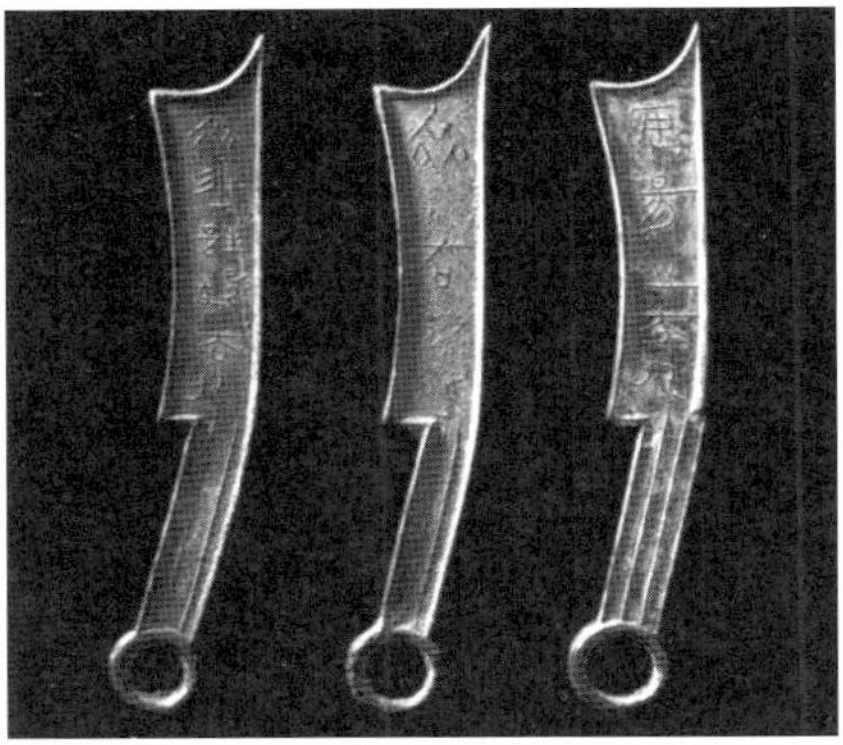

斉の刀幣 戦国　貨幣　長さ18.2−18.7cm

金山嶺長城 春秋時期、燕国は燕山の北に長城を築いた。［北京密雲県］

団が、商王朝の中心民族と違う民族である可能性もあった。周によって封じられた諸侯国は、王室の親類によるものと商王の後裔を含む前代のものの二種の諸侯国があった。前者は、周公東征の強大な軍事力を背景に、王族と貴族に人民と領土を与え、国を封じたものであり、後者は夏・商の時代にできた既成の事実をそのまま承認したものであった。*

貝塚茂樹は、「春秋末期までに夏商周を構成する部族の子孫の国々はその民族的差異を超えて諸夏と呼ばれる同一の中国民族を形成した」という結論を出している。

要するに、王朝内部の政治的関係がますます強くなるにつれて、王朝秩序における血縁的要素が段々薄れたのである。王朝にとっては、単なる血縁関係では諸侯国の等級を区別できなくなったことは明らかであり、「服」という名は秩序の中核として残されたが、しかし王室と諸侯国を概略的に「内服」「外服」と区分するという制度のもとに、その内容は血縁的親疎関係の証しから階級的秩序の証しへと変質したのであった。

5・対立概念ではない、「中国」と「四夷」

「外服」も周王朝の実際支配範囲である。*言い換えれば、「内服」+「外服」は「九州」である。「九州の外は蕃国なり」（『周礼』秋官司寇）「九夷・八狄・七戎・六蠻は四海なり」（『爾雅』釈地）の「九州」と「四海」との間は、異民族集団―

＊春秋時代には、夏王朝の後裔とされている杞国と殷王朝の子孫である宋国はあった。しかし孔子は『論語』八佾篇において、「余は夏の礼を話せるが、（夏の子孫の国である）杞に余の話を証明するに足る何物も残っていない。余は殷商の礼を話せるが、（殷商の子孫の国である）宋に余の話を証明するに足る何物も残っていない」と述べている。

＊『尚書』の顧命篇では周康王が即位して諸侯の朝貢を受けた際諸侯への話として、「爾の身、外に在りても、乃の心、王室に在らざるなる」と伝えている。

「蠻」「夷」「戎」「狄」―の活動空間とされたのである。

中国の古代文献のなかで、異民族集団の総称としては、最初「九夷」「百蠻」（『詩経』大雅・桑柔）、その後「四夷」が使われた。中国語の「九」と「百」は数量の多さを強調する数字であり、「四」は時間と空間の表現にもっとも使われた。「日靖四方」（『詩経』周頌・我将）「光被四表」（『尚書』堯典）「欽四隣」（『尚書』皐陶謨）などの方位に関する表現は、太陽の昇降との関連から、古代中国人の世界観・宇宙観を窺わせる。「南蠻」、「東夷」、「西戎」、「北狄」―「四夷」―という言い方は、古代中国における異民族周縁化という思想の誕生を象徴する。

西周以前は、人々は方位の意識しかなく、民族の意識と華夏各部族の統一した意識はなかったと指摘する学者がいる。こうした方位の意識では、中央がもっとも地位の高い方位とされて、最高支配者の当然の居場所である。大地の中央およびそこに建てられた王朝の中枢部は神聖化された。*

「四夷」の周縁化は、決して「天下」から「夷狄」を排除することを意味するものではなかった。『詩経』大雅に「民の怒りは中国にみちて、遠く夷狄に及ぶ」がある。これは、中国文献の中で書かれた最初の「中国」である。注意すべきは、周縁の「四夷」と対称して誕生した言葉であり、決して対立の概念ではなかったことである。「中国」がなければ「四夷」がなく、「四夷」がなければ「中国」もないということである。『礼記』*礼運篇に「聖人はよく天下を以て一家となし、中国を以て一人となす」と述べているように、「中国」は「天下」の一部にすぎ

＊『周礼』地官司徒篇は、「日が最高に至り、一尺五寸の地に照らし、地中なり。天地の合、四時の変、風雨の会、陰陽の和が全て揃い、然るに百物が平安なり。（そこで）王が国を建て畿を治め、方千里にした」という。

『礼記』 前漢時代の経書。49編。「儀礼」の注釈および政治・学術・習俗など礼制に関する、戦国時代から秦・漢時代の説を集録したもの。今の「礼記」は戴聖が戴徳の「大戴礼」を削って編集した「小戴礼」をさす。「大学」「中庸」はその一部。

ないことは明らかである。当然ながら、この「天下」は、「四海之内」という理論上と理想上の「天下」であり、「四夷」に相対する「中国」は、「九州」という事実上の「天下」である。

歴史上「中国」の意味は、少なくとも十種類以上あるとされているが、馮友《ふうゆう》蘭《らん》*は先秦時代における「中国」は、文化的意義がもっとも強く、民族的意味が少なく、国家の意味はまったくなかったと述べている。中国の最初の民族意識は、「文明論の華夷観」――文化様式で「華夏」と「蠻夷戎狄」とを区別するもの――であり、文化の吸収を通じて「蠻夷戎狄」も「華夏」に変身できる。つまり、「中国」と「四夷」との間の境は文化であり、しかも文化の相互学習と吸収を通じて変わるものであり、不変不易のものではない。

実際古くから、「蠻」「夷」「戎」「狄」と呼ばれる異民族が「天下」の中に入れられてきた。中国が部族共同体社会から初期国家社会へと転換している時期に、「蠻」「夷」「戎」「狄」などの異民族集団が中国の秩序に編入されていく。

周朝の「天下」にも、異民族が網羅されている。*周王朝には異民族に関する事務を担当する官僚もいた。多くの異民族の集団が周王朝に服しているのは確かのようである。春秋時代にも異民族が天下の一部であるとの認識が流行していた。「五服説」では、「蠻」「夷」「戎」「狄」と呼ばれる異民族集団はそれぞれ要服と荒服の類に入れられた。しかし顧頡剛は本来「天下」の秩序においては、甸服、侯服と要服の三つの「服」こそもっとも基本的な区分であったとする。言い換え

馮友蘭　ふうゆうらん［1895–1990］哲学者。唐河県（河南省）の人。

*『尚書』の牧誓篇が周の武王が商の紂王を討伐する時の宣誓文とされている。そこに武王の部隊は「庸、蜀、羌、髳、微、盧、彭、濮人」、いわゆる「牧誓八国」が参加した「多民族連合軍」であったことが記載されている。また『国語』魯語下によれば、「昔武王商に克ちて、道を九夷百蠻に通じ、各々其の方賄を以て来貢せしめて、職業を忘るる無からしむ」という。

『礼記』明堂位篇による「天下図」

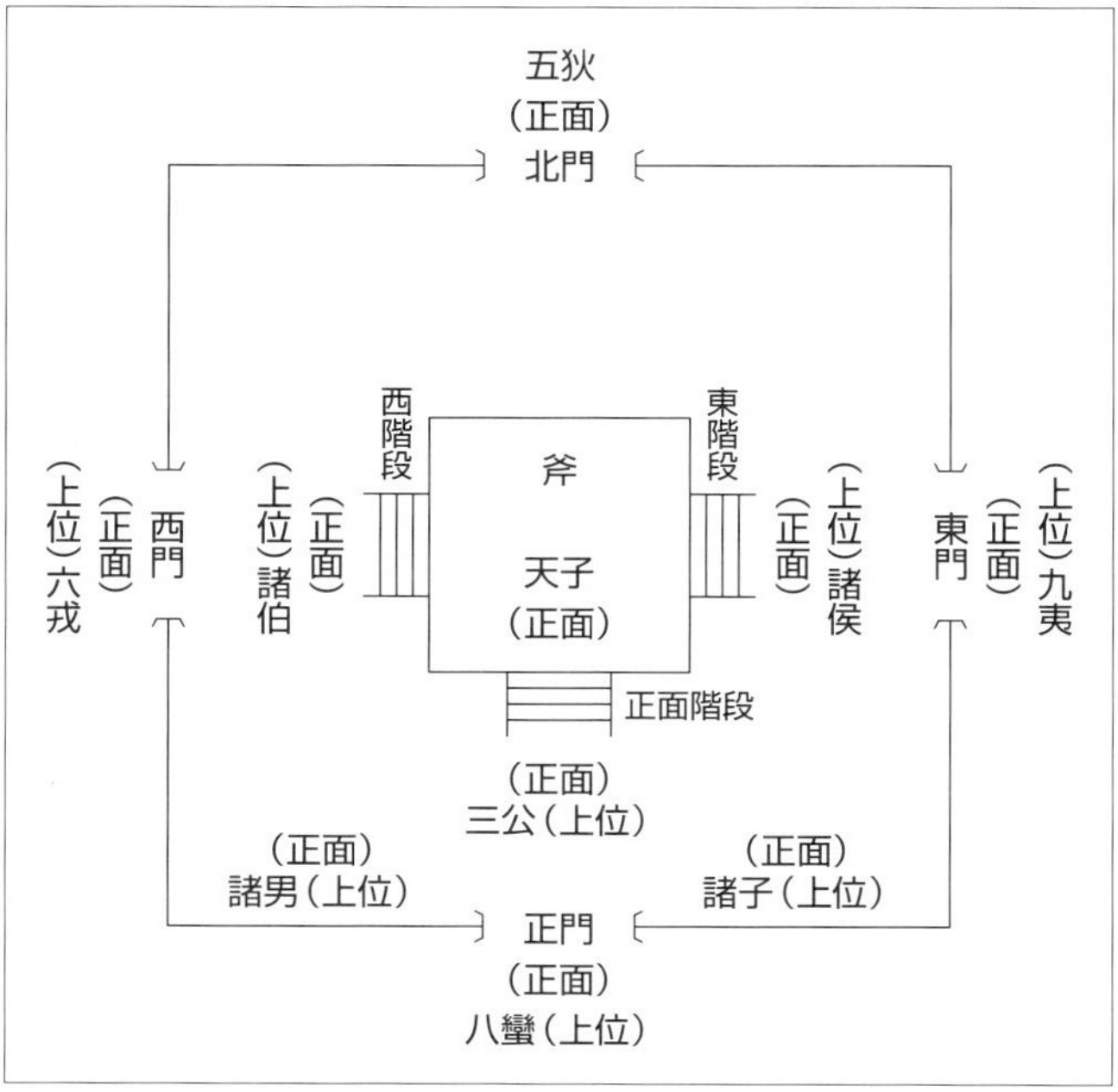

史牆盤　青銅　西周　高16.2cm　口径47.4cm　周原文物管理所蔵
豊の子である史牆が作らせたもの。水を受ける器。内側に284字もの長文の銘がある。西周の武王から恭王に至る歴代の王の事跡をたたえる。さらに史牆の属する微一族の歴史を述べ、最後は自賛と求福の言葉で終わっている。

れば、「天下」は天子の直轄領である王畿（甸服にあたる）—公、侯、伯、子、男による諸侯国（侯服にあたる）—南蠻、東夷、西戎、北狄の国あるいは集団（要服にあたる）という三つの部分によって構成されたとする。これが単に顧頡剛の想像に過ぎなかったとは思われない。

「天子」が強い時期の「天下」は、「四夷」まで含まれる「四海之内」という「天下」であり、「天子」が弱い時期の「天下」は、「外服」の諸侯国だけが含まれる「九州」という「天下」である。中央の天子—身辺の諸侯（侯、伯、子、男）—周囲の「四夷」という三つのレベルからなる、一目瞭然の「天下図」そのものであった（前頁図）。

すなわち、「天下」の三重構造における「四夷」と「中国」との差別は、単純な民族的—事実上文化的—基準で設けられたものではなく、「中国」内部にある「内服」と「外服」との差別と同様に、階級的差別でもあった。厳しい階級的差別のもとに、「夷は華を乱さず」ということが要求され、「天下」の秩序においては「四夷」と「中国」だけではなく、「中国」の内部にある「内服」と「外服」との関係も互いに乱されてはいけないとされている。*

6・「三重の天下」（直轄地・諸侯国・周辺民族）がもつ意味

中国の初期の国家概念は基本的に「天下」であった。実際のところ、「天下」の中には、王朝の政治支配力が及ぶ部分と及ばない部分があった。しかし「天下」

＊一部の学者の間に「裔不謀夏、夷不乱華」を「夷狄は中華を乱すべきではない」とする説も流行っているが、それは「裔」を「遠い」と解釈し、遠方の民が「夷狄」だからだというものである。しかし本来「裔」は服の裾であり、「遠い」との意味も裾から来たもので、「連襟」があい婿であるように、中国語では「服」を通じて親類関係を表すことは決して珍しくはない。また、もし「裔は夏を謀らず」を「夷は華を乱さず」と同じような「異民族は中華を乱すべきではない」との意味であると考えれば、文法的にはその文が重複文の形になり、その必要性が疑われる。例えば、「溥天之下、莫非王土、率土之濱、莫非王臣」（『詩経』小雅・北山）、「拠四海、平九州」（『大戴礼記』五帝徳）、「越在外服、侯甸男衛邦伯、越在内服、百僚庶尹」（『尚書』酒誥）、「聖人耐以天下為一家、以中国為一人」（『礼記』礼運）のように、古代文献では何かが強調される際、意味の違う言

は「天」を理論的根拠にして理念されたため、「道徳性」「正統性」「絶対性」と言った性格を帯び、ここでは正統王朝という理念が誕生した。こうした正統王朝の理念の下に、「蠻」「夷」「戎」「狄」と呼ばれる異民族も「天下」体制の不可欠な一部と考えられた。そのため、「天下」は実際「三重の天下」であった。第一に、中央に位置する王朝の直轄地域—王畿、または内服—であり、第二に、内服の周囲に位置する諸侯国—または外服—であり、第三に、諸侯国の周辺に位置する「蠻」「夷」「戎」「狄」の国—四夷—である。

第一地域・第二地域がたんに王朝によって直接支配されているのか、それとも間接的に支配されているのかという点で異なるのと違って、第一・二の地域と第三の地域とは、さまざまな側面で異なっている。こうした三つの部分は、地理範囲としては「九州」と「四海之内」、方位的には「中国」と「四夷」、人間共同体のレベルではその文化様式にしたがって「華夏」と「蠻」「夷」「戎」「狄」に分けられたのである。

民族と国家との関係は、中国の歴史を理解するひとつのキーポイントである。「三重の天下」という思想は、三つの意味で中国の多民族国家の伝統を作り出したと言えよう。まず、先秦以後の歴代の中国王朝も、周辺の異民族が「天下」の欠かせない一部と考えたことである。それに基づいてほとんどの中国の王朝は、「羈縻《きび》政策」*をとり、周辺民族の「中国」との政治的・経済的交流を歓迎し、その「中国化」をも認めていた。

葉の並列による対称文の形を取るのが常であった。そして、商の「内服」と「中国」が「商」、周の「内服」と「中国」が「周」と称す（謝維揚『中国古代国家』、浙江人民出版社、1995）ように、「中国」を普遍的に意味するようになった「夏」は、普遍的な「内服」の名称として使われる可能性も十分にあったと思われる。

羈縻政策 羈は馬のおもがい。縻は牛の鼻綱。異民族を制御すること。→ p.126

そして「天下」に入っている異民族社会に対し、かならずしも「中国」と同様の直接支配方式を導入しないことである。中央の支配権さえ認めれば、漢と唐のように、中央王朝の権力の象徴として直接行政権を持たない「都護《とご》*」・「都督《ととく》*」を異民族社会に設ける王朝も、明のように、「土司《どし》制度*」を設けてその民族有力者による民族自治を認める王朝もあり、異民族に対して非常に柔軟な支配を実施したのであった。

最後に、上記に関連して、「天下」に入っている異民族社会に対し、「中国」と同様の社会制度を実施することを要求しないことである。明の「土司制度」のように、その民族の独自の社会体制と社会構造を維持させ、その民族なりの伝統的支配方式を取った中国の王朝もあった。遼のような異民族による「征服王朝」も、こうした思想の影響を受けて、「南面官*」と「北面官*」とを設けて、漢民族と北方の民族に対してそれぞれの支配制度をとっていたのである。

都護　軍隊を指揮して辺境を守護・統治する。漢代に設置された西域都護に始まる。唐代は都護府の長官。→p.130

都督　主に地方の軍事・民政をつかさどる。三国時代に設置、唐代に廃止、元・明代に復活。中華民国初期にも各省に置かれた。

土司制度　少数民族居住地において有力者を任命して世襲の統治を行わせる制度。元代に始まり、明清時代に整備された。→p.166

南面官・北面官
南面官は農耕民の民政にあたる南枢密院以下の官制。北面官は軍政全般と遊牧民の民政をつかさどる北枢密院以下の官制。南枢密院は漢人・渤海人・高麗人など農耕民を管轄し、北枢密院は契丹族など遊牧民族を管轄した。→p.137

第三章　中華帝国成立期の異民族対策
——秦・漢

本章では、主に中央集権制が成立した時代の中華帝国―秦・漢―の異民族対策を見ることを通じて、中国の王朝思想における「夷狄観」を検討することとする。この時代は、中華帝国が周辺に猛烈に膨張する時代であり、また儒学*の思想が中華帝国の支配的な思想として確立された時代であった。そのため、政治的学問「経学」として祭り上げられた儒学も、確固とした民族思想を持たざるを得なかった。王朝の異民族対策と儒学の夷狄観は、たんにその時代においてたがいに影響し合っただけではなく、その結晶は中国思想史上に大きな影響を残したことは言うまでもないであろう。

1・中国初の皇帝「始皇帝」誕生と「属邦」

紀元前二二一年、中国を統一した秦王嬴政《えいせい》*は、みずからの功績を讃えてそれを後世に伝えるために、最高統治者の名称を皇帝とした。以前の最高統治者の称号は王であった。甲骨文では王をと書き、刑殺を意味する斧を以て最高権力を象徴するものであった。しかし、「皇」が「天人の総称なり」（『白虎通義』号篇）、「帝」は「王天下の号なり」（『説文解字』）、「天の道を得る者なり」（『呂氏春秋』行論篇）とし、最高権力を天の意思によるものとした。そして「朕を始皇帝とし、以降は二世・三世、千万世に至る」と、「皇帝」支配の唯一性、時間と空間を超越する性格を示した。

帝国のもっとも重要な特徴は権力が皇帝に集中することであった。秦の始皇帝

儒学　儒家思想を基本にした学問。孔子の唱えた倫理政治規範を体系化し、四書五経の経典を備え、長く中国の学問の中心となった。

嬴政　えいせい［前259–前210］秦の王。在位前246–前210年。中国史上はじめて中国を統一して皇帝と称した。始皇帝。

は中央集権制を実施し、中央政府に「三公九卿*」を設け、最高権力を一人で握った。地方行政において、周代の「天子弱、諸侯強」の再現を防ぐため「封建制度」を否定して郡県制を実施し、全国を三六の郡に分け*、各郡には中央の「三公」に相当する守（行政長官）・尉（軍事長官）・監（監察司法長官）を設け、直接任命した。

中華帝国の思想は当初から天子の直轄地と侯服、つまり「中国」だけではなく、「夷服」、つまり「中国」周辺の異民族をも視野に入れて成立した。

紀元前二一五年、秦の始皇帝は秦を滅すのは「胡《こ》」であるとの方士の説を信じ、周辺民族に対する戦争をはじめた。前二一五年に将軍蒙恬《もうてん》*を派遣して匈奴《きょうど》から黄河以南の地域を奪ったのを皮切りに、前二一四年には黄河以北に進撃し、匈奴との境に九原郡を設けた。また南方においては異民族地域を奪い桂林郡・象郡・南海郡を設置した。しかし事実上、秦の始皇帝は自分の権力と権威は、空間的にも時間的にも永遠であると信じていない。彼は前二一四年に匈奴との境に万里の長城*を築きはじめた。秦が征服した異民族地域において設けた「郡」は、実際に中国内地の「郡」と違う性格をもっていた。

降伏した、あるいは征服された異民族に関する事務を扱う中央官庁は、秦代の「典属邦」から漢の高祖劉邦《りゅうほう》*の諱《いみな》を避け改められたと言われる。しかし、高度な中央集権を目指す秦帝国内において、少数民族地域における「属邦」は本当に存在したのだろうか。存在したとすれば、それはどのような性格をもつものか、

三公九卿　三公は丞相・御史大夫・太尉。九卿は中央政府各部門の責任者。

＊後に新しく征服した少数民族地域を入れて46の郡まで増えた

蒙恬　もうてん［?–前210］秦の将軍。万里の長城建築にも協力して北辺防備に尽くしたが、始皇帝没後、李斯・趙高らの謀略にあい、自殺した。

万里の長城　春秋時代に諸国が国境に築き、秦の始皇帝が燕・趙の長城を用いて万里の長城とした。現存のものはモンゴルの侵入に備えて明代に築かれたもの。河北省山海関から甘粛省嘉峪関まで全長約2400キロ。→p.82

劉邦　りゅうほう［前247–前195］前漢の初代皇帝。在位前206–前195。廟号は高祖。

そして「郡」との関係はどうなるのか。これらの問題は、中華帝国の性格を検討する際に、じつに重要な問題である。

以前は秦代の「属邦」に関する情報はほとんどなかった。一九七五年に湖北省雲夢《うんぼう》県睡《すい》虎《こ》地《ち》の秦墓から、秦代の法律を記載する竹簡（雲夢竹簡）が多く出土した。そのなかに「属邦」が明記されている竹簡*が見つかった。それによって秦は降伏した異民族地域において「属邦」を設けていたことが確認された。ほかにも、雲夢竹簡には属邦に関する資料が複数あり、そこから「属邦」の形をうかがうことができる。

別の竹簡には、属邦は臣邦とも言い、夏（華夏）である秦との臣属関係がはっきりと示されている。民族出自が血縁で区別される部分もあるが、しかし父権制の時代においても異民族出身の父と秦人の母との間にできた子供が「夏子」（華夏の子）と見なされた。片方の親さえ華夏であれば子供も華夏であるということは、血縁がそれほど重要視されないことを意味する。そして、両親がともに臣邦人で、しかも臣邦に生まれた人が本当（真）の「臣邦人」と見なされることから、民族の区別はおもに夏か臣邦かという地域的基準で行われたことがわかる。異なる地域に生まれ、暮らす人は、異なる文化を身につけることになる。地域的基準というものは、文明の相違に着眼したものである。

属邦に異民族出身の統治者が設けられた。これらの異民族出身の統治者も秦の法治下にあったが、彼らが罪を犯した際は特例として軽く処罰された。こうした異

＊「道官の隷臣妾・収人を相輸すには、必ずその巳に稟せし年月日、衣を受けしか未だ受けざるか、妻有りや有る母しや、を署せ。受けし者には律を以て続けて之を食衣せしめよ。属邦」（竹簡一）

秦始皇帝像

秦兵馬俑坑　始皇帝陵の陪葬坑。［西安］1号坑から3号坑の総面積約2000平方m、出土した陶俑約8000体、戦車数百台、兵器の数は数十万点に及ぶ。

雲夢睡虎地秦墓竹簡　1975年、墓主を埋葬した棺のなかから遺体とともに見つかった。秦の官吏をつとめていた喜という人の個人所有だったという1150枚あまりの法律関係の竹簡から、秦律とその条文が明らかになった。内容は「編年記」「語書」「秦律18種」「效律」「秦律雑抄」「法律答問」「封診式」「為吏之道」「日書甲種」「日書乙種」の10種に分類されている。文字についても篆書体ではなく隷書体に属するか。湖北省雲夢県睡虎地では12の秦代の墓が見つかっている。

両詔文のある銅権　秦代　高7.4cm　重250g　秦始皇陵付近出土　陝西省博物館蔵　天秤のおもり。二つの詔書は始皇帝が度量衡を統一した事情を述べ始皇帝の功績を賛美している。

民族に対する帝国の寛容さは、中国の少数民族を優遇する政策の濫觴《らんしょう》でもあった。属邦は自治権を有していた。属邦の民は、たとえ土着の支配者に不満があるとしても、その統治から離れることを秦の法律によって禁じられた。秦代の属邦は、一種の異民族による特別行政区であった。

さて、こうした属邦と郡との関係はいかなるものになっていたのか。前に触れた「属邦」と明記された竹簡から、異民族の住む地域の「道」が確認された。* 辺郡の県を道と称し、そこは異民族の特別行政区であったと推測するが、県は郡よりひとつ下の級になるため、秦は隣接している異民族の居住地域を征服すると、そこに郡を開置し、その内部に臣邦（属邦）が設置され、その構成単位が道であったというのが正解ではないかと思われる。

注目すべきは、場合によって秦の「華夏観」が違うことである。本来中原、中原の人を意味する「夏」の定義は、秦代では場合によって異なっている。民族の意味では、内部の「秦人」に比べ「臣邦人」が「夏」ではないが、しかし領土の意味では、外に比べ「臣邦」も「夏」の一部になる。

秦の属邦には、「臣邦」と「外臣邦」があることが窺われる。「臣邦」は秦に帰順した少数民族の集団であり、その首領は秦から爵位をもらって秦帝国の臣となり、その民は秦に税金を納め、その領土も秦の一部になる。「外臣邦」に関する直接的な資料はまだ発見されないが、「臣邦」に比べ、政権の独立性が高いことは確かであろう。*

＊『漢書』百官公卿表によれば、「列侯の食むところの県を国と曰い、皇太后・皇后・公主の食む所を邑と曰い、蠻夷有るを道と曰う」。

＊一部の研究者は、『史記』秦本紀の「(恵王) 十一年、義渠を県とし、魏焦、曲沃を帰順させ、義渠君を臣にした」の義渠は、すなわち外臣邦であると指摘するが、しかし郡県制の導入は、秦の領土と見なされる意味合いを有しているため、むしろ内部にある「臣邦」と見るべきである。

秦漢時代

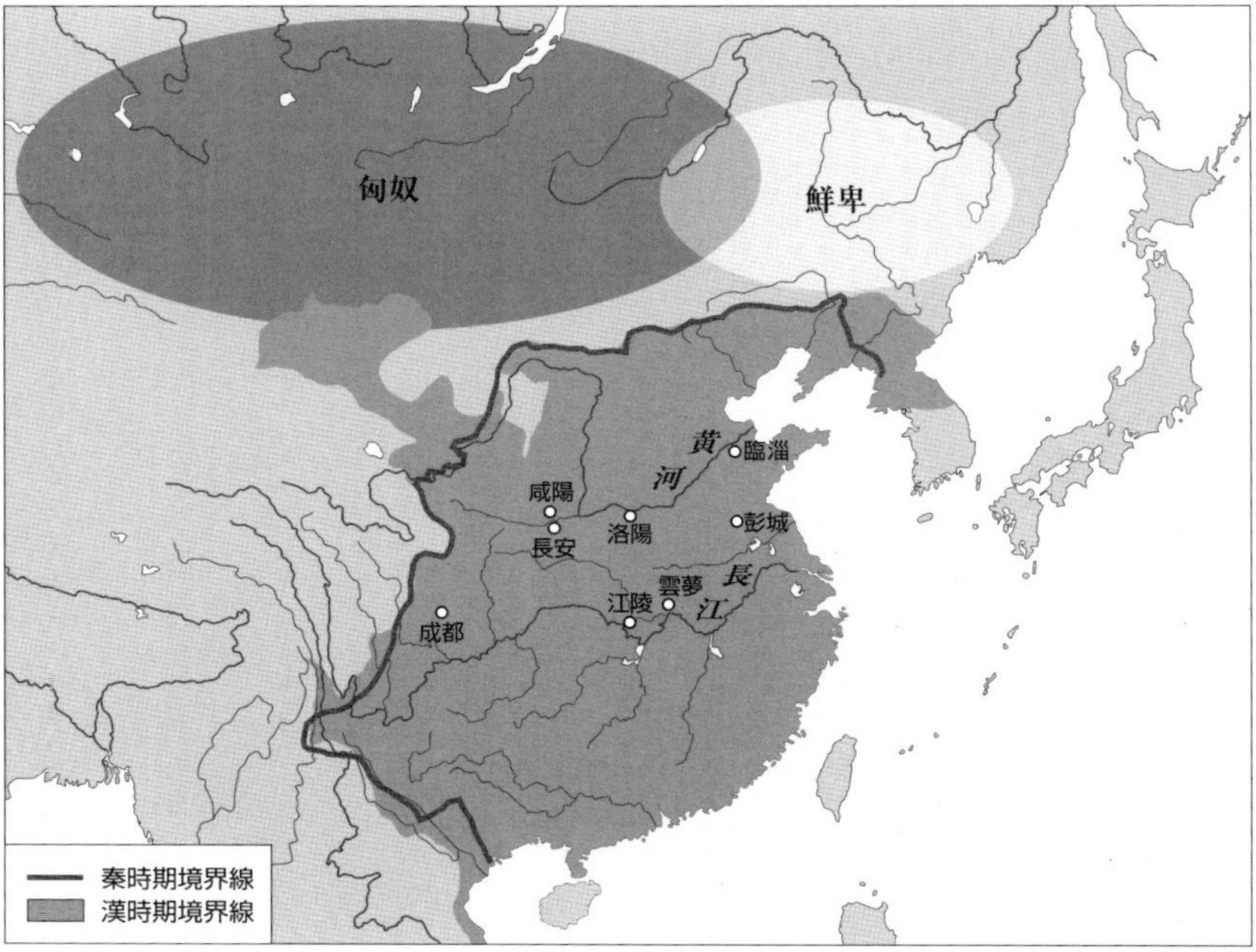

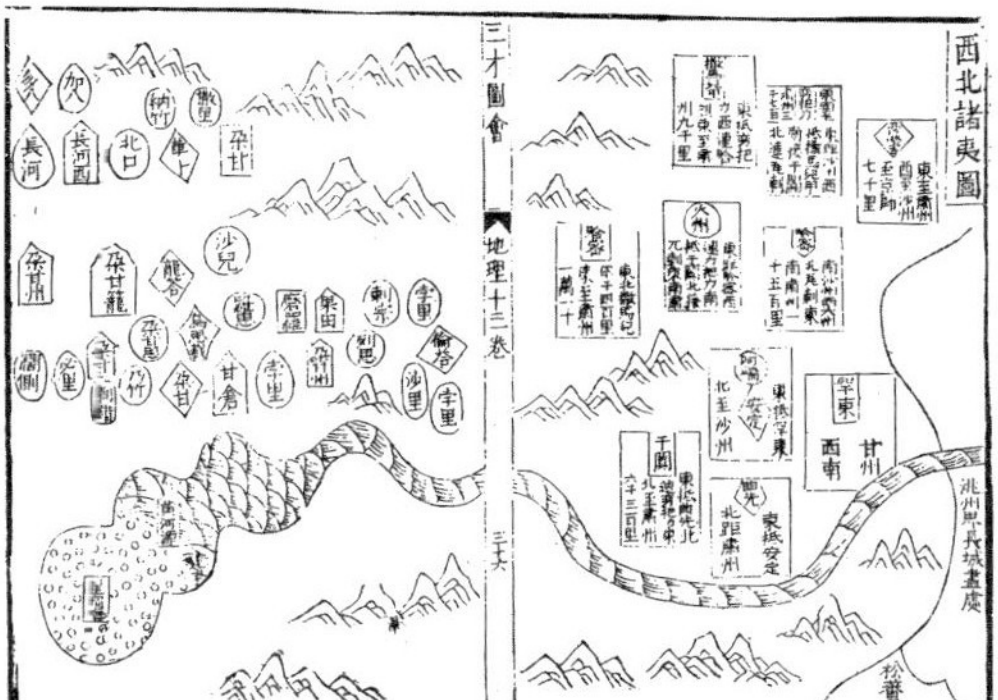

西北諸夷図　「三才図会」より

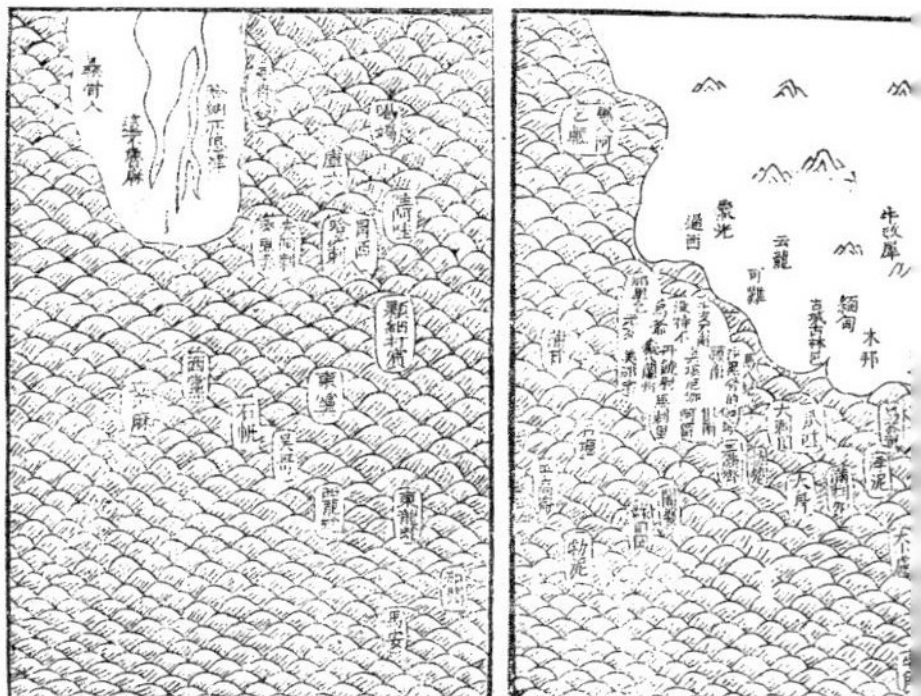

西南夷総図　「三才図会」より

秦帝国と属邦との政治関係に関しては、なお多くの謎が残っている。しかし秦が周辺の異民族との関係も、帝国秩序の一部であると考えたことは明白である。このような秦の国家思想と民族思想は、秦が元来「夷」あるいは「戎」だったことにも関係しているであろう。しかしもっと考えられるのは、やはり中国先秦時代の思想の影響を受けたことである。そしてはじめての中華帝国として、秦の国家思想と民族思想は、実に大きな影響を後世に残したのであった。

2・漢帝国の外臣国は高い独立性を有した

紀元前二〇六年、秦王朝は崩壊した。劉邦が新しい王朝の「皇帝」となった。漢王朝は、ひとつの「中国」の国家として自己規定したのでは決してなく、「天下」の正統な継承者としてみずからを位置付け、周辺地域をその「天下」体制に入れようと考えた。しかし秦国の封を受けた、あるいは秦の勢力範囲に入っていた南越、東越、西南夷および朝鮮の各国は、秦の消滅に伴いそれぞれ独立した。建国に当たり、漢は既成の事実を踏まえ、それぞれ「外臣」の国とし（「約為外臣」）、その支配者を王に封じた（『史記』南越尉佗列伝、東越列伝、朝鮮列伝）。

漢の「外臣国」は、秦の「外臣邦」のような性格を有するものであろう。司馬遷が「名為外臣、実一州主」と指摘したように、「外臣国」は漢の指図をほとんど受けず、じつに高い独立性を保っていた（『史記』西南夷列伝）。高祖以後、漢が越との辺境貿易と鉄器輸出を禁止した折、南越王はこれを「別異蠻夷」、つまり

■前漢王朝系図（劉氏） 数字は即位順

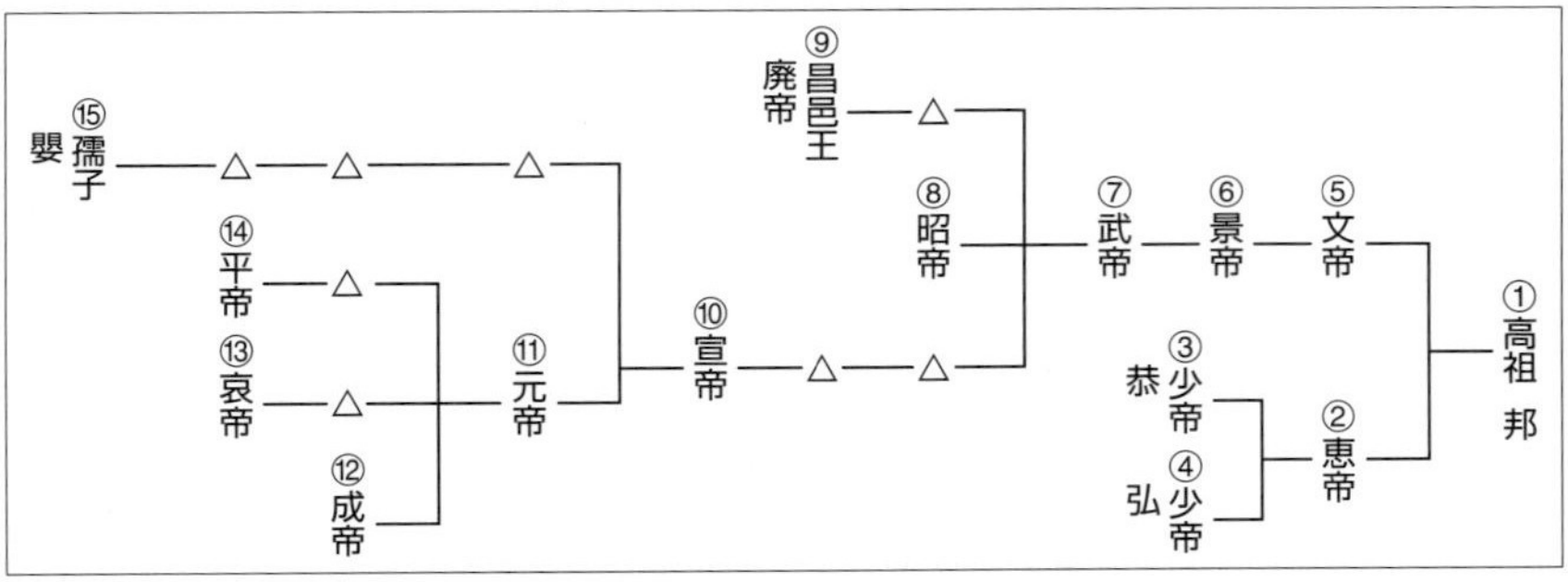

民族差別だと反発し、みずから「帝」と称した。その後、漢文帝が「服領以南、王自治之」を条件に「両帝並立」の解消を要請し、南越ははじめて長く藩臣になり、貢職を奉じたい、臣を称し使を派遣し入朝すると表明し、前一三五年漢軍の援助で閩越《びんえつ》の侵攻を撃退してから、「遣太子嬰斉入宿衛」と王本人の「入見」をした（『史記』南越尉佗列伝）。

漢は「外臣」になる国に対し、王位の承認、他国による侵略から守ると同時に、「称臣」「奉貢職*」「遣使入朝」「入宿衛*」を要求した（『史記』東越列伝）。

武帝*期（紀元前一四〇–前八七年）に入ると、漢は周辺の異民族地域に対し積極的に介入しはじめた。つまり「内属」の国にしようとしたのである。

南越の丞相である呂嘉が王を殺害して漢への「内属」に反対したため、武帝はそれを鎮圧し、前一一一（元鼎六）年に南越の地に九つの郡を設置した（『史記』南越尉佗列伝）。また同じ年に西南の夷の地域で五つの郡を設置し、そして前一〇九（元封二）年に、最後まで詔を奉じなかった朝鮮に大軍を送り、この地に四つの郡を設置した（『史記』朝鮮列伝、『漢書』西南夷両粤朝鮮伝）。しかし異民族地域における郡県制導入は、様々な特色を有するものであった。* 漢は「内属」した異民族の郡県において、土着の支配者を通じて「自治」を実施し、間接統治を行った（『漢書』西南夷両粤朝鮮伝）。

六十年間の「国家無事」、とくに文帝*・景帝*の「清静恭倹、安養天下」によって、漢は膨大な国力を蓄えたことを背景に、武帝期に入ってから漢王朝は頻繁に

【奉貢職】 身分に相応しく勤める

【入宿衛】 人質として王位継承者を漢の朝廷に送ること

武帝 ［前157–前87］前漢第七代皇帝。中央集権制を確立、儒教を国家の政治教化の基本とした。

*たとえば、武帝は、前111年に西南夷で夜郎国の領地に郡県制を導入したが、その首領を王に封じた。王国の範囲が郡県とは必ずしも一致しないが、王が郡県の実権を握っているのは確かのようである。

文帝 前漢第五代皇帝。高祖の第二子。在位前180–前157。

景帝 前漢第六代皇帝。在位前157–前141。

対外戦争を行った。なかでも、西北方面への進出はとくに高く評価された。注目すべきは、東面と南面に比べ、漢は西域でまったく異なる政策を取っていたことである。

3・漢の西域諸国との初の交流

武帝以前、中国は西域に関する知識に乏しかった。西域の諸国にとっても、「漢は遠く、その大小が知らぬ」（『史記』大宛列伝）という状況であった。当時漢の西北にある匈奴の勢力範囲は西域まで広がり、匈奴の日逐王は「僮僕校尉」をおいて西域を支配した（『漢書』西域伝）。紀元前一三八年、武帝は対匈奴戦争における月氏《げっし》との提携を目指して張騫《ちょうけん》*を西域に派遣した。匈奴によって十年以上も抑留された張騫は任務を達成できなかったが、未知の西域に関する知識を中国にもたらした。張騫の第二次派遣（前一一九―前一一五年）を通じて、「西域の鑿空」が実現され、漢と西域諸国との本格的な交通が始まった（『史記』大宛列伝）。

烏孫《うそん》国の昆莫《こんばく》（王）は、最初匈奴単于*の格好で張騫と接見しようとした。張騫は「天子が賜を致す。王が不拝なら、賜を返す」と、王に天子の使節に対する礼を要求し、そして実現させた（『史記』大宛列伝）。つまり烏孫に漢を宗主国として認めさせたのである。漢は「厚幣賂*」「和親*」を通じて烏孫と「昆弟*」の関係を結ぶ戦術をとり、前一〇五年に江都王の娘である細君を昆莫に送った。細君は烏孫語を解けず、後にまた烏孫の習慣によって昆莫の孫と再婚させられた。細君は

張騫　ちょうけん［?―前114］漢代の旅行家。西域に関する情報をもたらして東西貿易の道を開いた。

単于　匈奴の最高君主の称号

厚幣賂　多額な金で賂う

和親　仲良くすること

昆　兄の意

前漢の西域経営

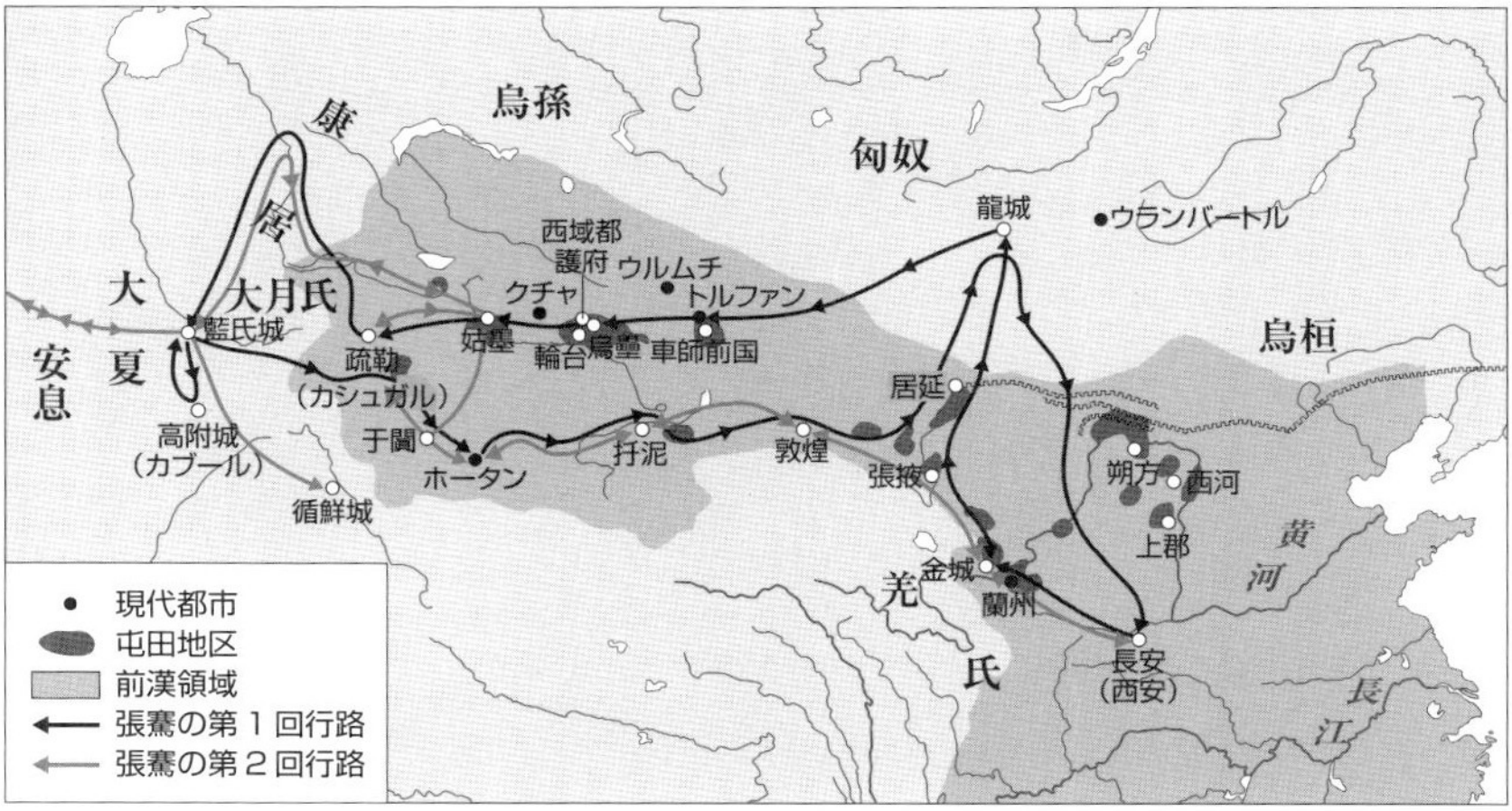

張騫西域出使図　初唐　莫嵩窟　第323窟北壁［敦煌］匈奴に追放された月氏への使者に選ばれた張騫の人柄について『史記』大宛伝には「人と為り強力なり、寛大にして人を信ず。蛮夷これを愛す」とある。

漢武帝に手紙を送って反抗しようとしたが、武帝は「その国の風習に従え、烏孫とともに胡を滅ぼしたい」と細君に命じ、漢のために個人の幸福を犠牲にした。細君が死んでから、漢はまた楚王の娘解憂を送った（『漢書』西域伝）。

西域諸国に対し、漢が唯一侵攻したのは大宛国《だいえん》*であった。漢武帝は大宛国の「汗血馬《かんけつば》*」を欲しがり、前一〇四年に属国の六千騎および郡国の悪徒数万人を徴発したが、漢軍は沿道各国と大宛の抵抗で大敗を喫した。武帝はさらに数十万人を動員し、前一〇二年ふたたび大宛に侵入させた。恐れをなした大宛国の貴族は、国王を殺害して漢軍に投降した。しかし、大宛侵攻が武帝の寵妃李夫人の兄李廣《りこう》利《り》に功を挙げさせるためのものであったことは、誰の目にも明らかであった（『史記』大宛列伝）。言い換えれば、そのような個人的目的がなければ、大宛に対する侵攻もあり得なかったであろう。

李廣利は、使者を大宛以西の十数国に派遣し、奇物を求め、よって大宛を征服した威力を知らせた（『漢書』西域伝）。そのため、漢軍の大宛侵攻は、予想もしなかった西域各国の「臣属」という効果をもたらした。李廣利が西域から漢に帰還する際、大宛のほかにも複数の国が人質として王の子弟を随行させ、漢に朝貢した（『史記』大宛列伝）。

西域の大国である大宛を征服した漢は、西域の国々を内属させる可能性を有していた。しかし、漢が西域各国に求めたのは、臣を称し、王位継承者を人質として漢の朝廷に送り、入貢する、つまり朝貢関係を結ばせることであった。換言す

大宛国　天山山脈の西、フェルガナ盆地に位置していた。司馬遷の『史記大宛列伝』には田を耕し、稲作麦作が行われ、ブドウ酒を醸造していた伝えられる。

汗血馬　大宛に産し、蒙古種の馬に比べて、背が高く大型で走力に優れる

天馬の画像磚　拓本　前漢　洛陽市出土

「馬踏飛燕」　高34.5cm　甘粛省雷台後漢墓出土　甘粛省博物館蔵　飛んでいる燕の背を踏むという銅奔馬。「汗血馬」を思わせる。

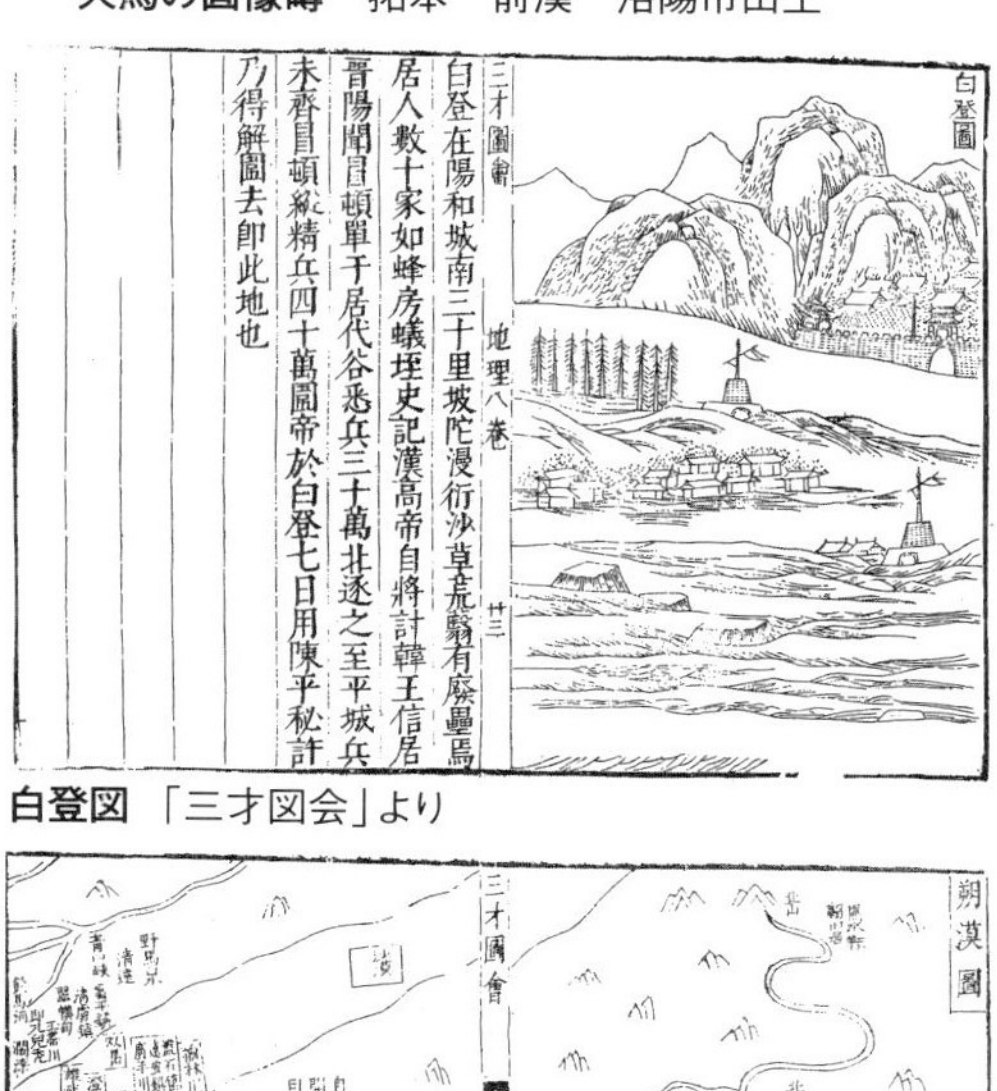

白登図　「三才図会」より

単于台図　「三才図会」より

朔漢図　「三才図会」より

西域図　「三才図会」より

れば、西域における漢の目的は、それを中国領に入れて中国によって直接統治すること—領土・主権—ではなく、たんにそれらの国々に対する宗主権の確立であった。

こうした宗主権下に入った「外臣国」に対し、漢は基本的に内政に干渉せず、土着の社会に介入しない政策をとった。たとえば、大宛国の人々は漢が侵攻した際にみずからの王を殺害し、前王の弟を立ててその子を人質として漢に送った。それに対し、漢は王を殺害した責任を追及することなく、かえって新王を追認した（『史記』大宛列伝）。

しかし例外もあった。漢への要衝に当たる楼蘭国は、漢と匈奴の両方に「質子」を送っていた。後に匈奴に送られた「質子」が王位を継承した際、親匈奴の態度をとったため、前七七年に漢は暗殺者を送り王を殺害し、国名を鄯善《ぜんぜん》に変え、漢にいた「質子」を王に立てた。すなわち、漢は「外臣国」が匈奴にも「臣を称す」という「両属」の現象を認めなかった。

朝貢関係のもとに、漢も宗主国としてそれに相応しい責任を持っていた。朝貢国に対して貢物より数倍も多い「下賜品」を提供するほかに、また敵の侵略から護った。西域における漢の「領護制」は、事実上こうした性格をもつ制度であった。

李廣利の大宛侵攻以降、漢武帝は天山南部の輪台に「使者校尉」を置き、輪台と渠犂で数百人の兵士—「田卒」—による「屯田」を通じて、漢に「臣属」を表明した「外臣国」の諸オアシス国を護り、漢の使節に対する食料補給を命じた。

上）金山嶺長城の雪景［河北省］　下）大同の長城　明代［山西省］

秦漢時代以前から、中国北方の匈奴は強大な遊牧国家として成長し、中国に脅威を与え続けてきた。戦国の七雄の中で北方に位置する秦・趙・燕は匈奴に対する防衛のために相次いで長城をつくった。これが秦の北方辺境に横たわる「万里の長城」の基礎となっている。「万里の長城」は農耕民世界と遊牧民世界の境であった。

（本文第三章より）

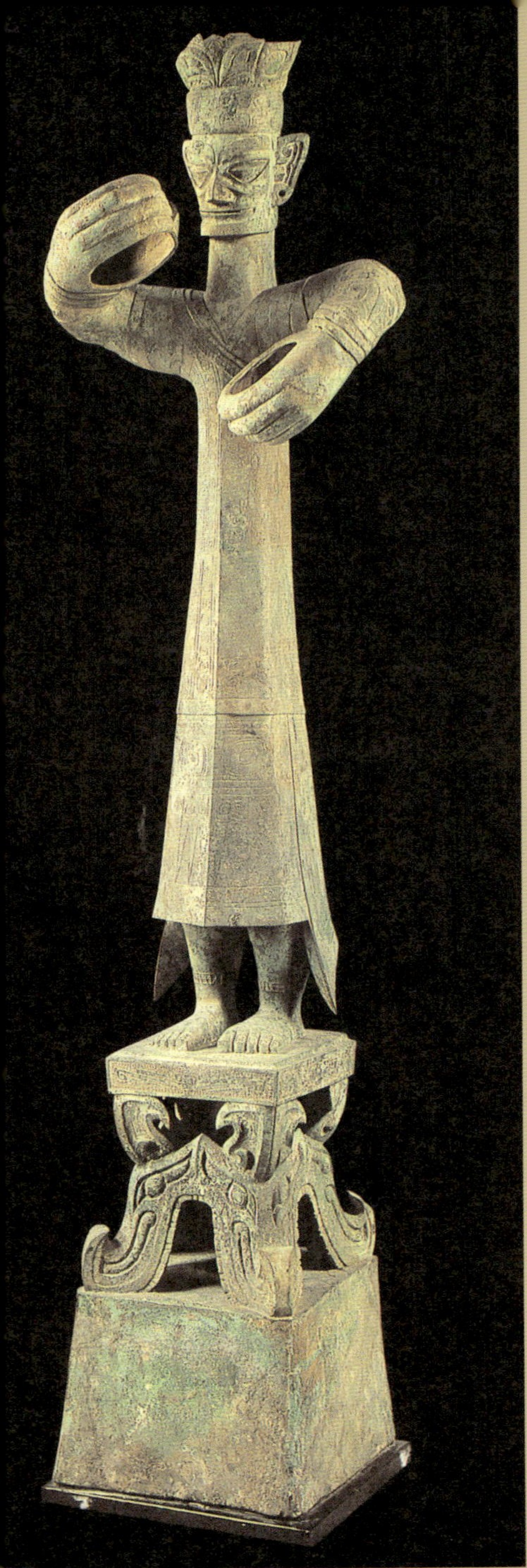

青銅立人像　商代　立人像の高172cm　四川省三星堆遺跡

銅鉞　商代　長31.7cm　山東省益都市出土

婦好青銅鴞尊　商代　高45.9cm
河南省安陽市殷墟婦好墓

司母辛青銅帯蓋四足觥　商代　全長47.4cm
河南省安陽市殷墟婦好墓

河北省平山県中山国王墓発掘現場付近一帯

商・周から春秋戦国へ

列国が互いに争った戦国時代に、秦・斉・楚・趙・魏・韓・燕の七国に比べるとずっと小さな中山と呼ぶ小国が太行山脈の東側にあった。学説では中山国は、遊牧民族の白狄によって建国された。中山の人々は北方の優秀な文化を絶えず中原に紹介し、同時に中原文化の先進的な要素を吸収して、絢爛たる特色のある文化を創造した。

中山王墓の発掘　河北省平山県

金製龍首形衡端飾　戦国　長9.8cm
河北省平山県中山国王墓

夔龍飾刻銘青銅方壺　戦国　高63cm　河北省平山県中山国王墓

金銀象嵌虎形屏風台座　戦国　長51cm　河北省平山県中山国王墓

金飾板　牛を襲う虎　戦国　長12.7cm
内蒙古自治区博物館蔵

錯金銀犀牛銅帯鈎　戦国　長17.5cm　四川省昭化県宝輪院出土

蛙蛇形銅馬飾　戦国　長20cm　遼寧省凌源県三官甸子出土

銅鏡の狩猟紋　戦国

嵌赤銅狩猟文壺
部分拡大

嵌赤銅狩猟文壺　春秋
高34.9cm　河北省唐山市
出土

1号坑の前衛部隊　秦代　秦始皇帝陵兵馬俑坑　陝西省臨潼県出土

2号坑の兵士俑　秦代　秦始皇帝陵兵馬俑坑　陝西省臨潼県出土

陽陵虎符（複製）秦　長8.9cm　秦始皇帝が軍隊を発動する際に用いた証明書。身の中心線で二つに分かれ、符が合ってはじめて発効する。

漢代においては、現在の雲南・貴州・四川西部に居住する各民族は西南夷と総称された。今の昆明近くの滇（池）国は発達した青銅文化の段階にあったが、漢朝は西南地区に郡を設けた後、漢族と西南各族との往来を密接にした。

滇王之印　前漢　金　高1.8cm　中国歴史博物館蔵　漢武帝が与えた印

詛盟場面銅貯貝器　前漢晩期　高53cm　雲南省晋寧県石寨山出土　滇王が祭祀や誓約などの式典をおこなう様子

貢納場面銅貯貝器　人物部分　前漢　雲南省晋寧県石寨山出土

多様な民族の姿

閻立本「歩輦図」 唐代　絹本着色　38.5×129cm　北京故宮博物院蔵　ソンツェンガンポとの婚姻のため文成公主を迎えに来た吐蕃の使者に、唐太宗が接見するようすを描いたもの。

胡瓌(伝)「番騎図巻」 部分　遼代　絹本着色　26.2×143.5cm　草原の遊牧生活の中で、馬や駱駝とともに風を受けて進むようすを描く。

放牧　金代　高1m　河北省井陘県柿荘6号墓

回紇夫人供養像　五代　楡林窟第16窟　壁画

御者　遼代　内蒙古自治区哲里木盟陳国公主駙馬合葬墓　御者の高さはともに137cm

幡に描かれた
回紇貴人像　唐代
着色　144.5×35.6cm
新疆トルファン出土
ドイツ国立美術館蔵

モンゴルの天と地

［内蒙古自治区］

朝焼けのゲル

ティシュールを振って音を出し馬群を追う

馬頭琴

ラマ教の雨乞い

ゲル作り

チンギス・ハーン陵

劉貫道「クビライ出猟図」元代　絹本着色
182.9×104.1cm　台北故宮博物院蔵　中央の白い毛皮の人物がクビライ。黒人らしき側近も見える。

チンギス・ハーンの子孫　家の前の軍旗

チンギス・ハーン陵奉納用馬鞍

平番得勝図　部分　明代　全巻長972.2cm　絹本着色　明朝政府が軍隊を派遣して、甘粛南西部の西番族の反乱を平定した過程を描いたもの。14幅からなる。

職貢図　部分　清代　全巻長1438cm　各民族の服飾、男女約300組を描いたもの

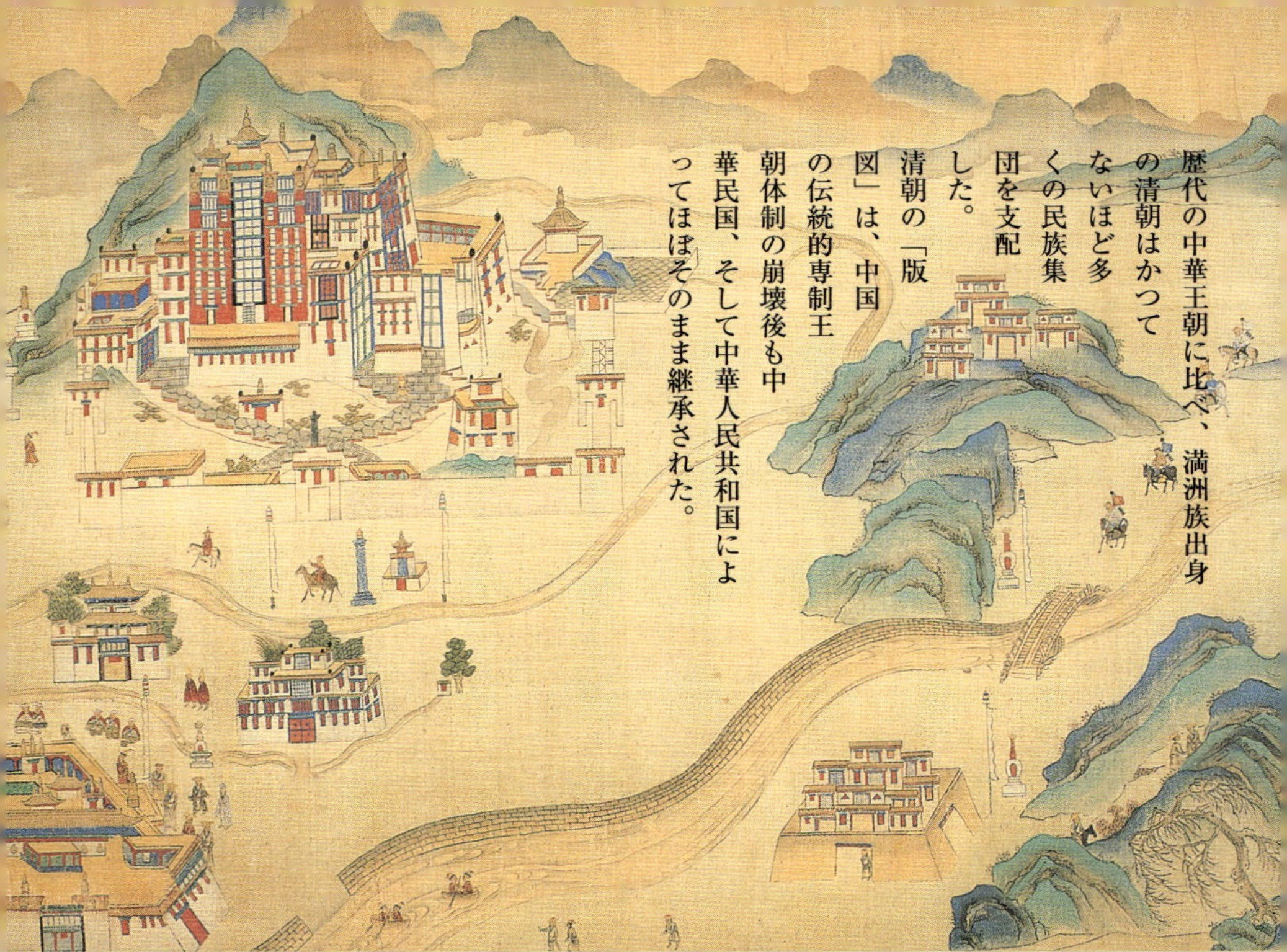

歴代の中華王朝に比べ、満洲族出身の清朝はかつてないほど多くの民族集団を支配した。清朝の「版図」は、中国の伝統的専制王朝体制の崩壊後も中華民国、そして中華人民共和国によってほぼそのまま継承された。

撫遠大将軍西征図　部分　清代　全巻長692cm　チベットで起きた反乱を、清朝が平定するようすを描いたもの。

銭維城「ジュンガル平定図」　部分　清代　全巻長808cm　新疆のジュンガル反乱を平定する情景

北征督運図冊　清代　長41.1cm　画集は24枚あったが、今は19枚が残る。一つの食糧運搬隊で200トンの食糧を前線に運んだ。

四川省　羌族

［茂県黒虎郷］

中国最大の羌族の村［理県蘿蔔寨］

[茂県黒虎郷]

[茂県黒虎郷]

農産物を干す［理県桃坪

77 美しい羌族刺繍。村の女性は誰も高い技術をもっている。[理県桃坪寨]

の末裔といわれる歴史の古い民族である。その一部は千数百年にわたる分化と融合を経て、漢民族の重要な一員となったが、大部分はチベット＝ビルマ語派の藏《チベット》族・彝《イ》族・白《ペー》族・納西《ナシ》族・拉祜《ラフ》族・土家《トウチャ》族・哈尼《ハニ》族などに分化した。中国の多くの民族の身体には羌族の血が流れている。現在でも土木建築に優れた伝統技術を生かし、石を積み重ねた防塞形の石造家屋「邛籠」を造り、また、刺繍・編物などの伝統工芸を大切にしている。

約二千年以上前の前漢時代に建設され始めた桃坪寨は、四川省アバ・チベット族チャン族自治州理県の東約四〇キロのザグノ河のほとりにある。現在中国唯一の完全に保存されている古代羌族の村である。

鎏金四人舞俑銅扣飾　前漢　高11.7cm　雲南省晋寧県出土　同じ冠、同じ服装、踊る姿もそろっている

苗族の踊り［貴州省］

彩絵狩猟図漆瑟
残片　戦国前期
残長15cm
河南省信陽市
長台関１号楚墓
河南省文物
研究所蔵

漆瑟に描かれた人びと　戦国前期　河南省信陽市長
台関１号楚墓出土

貯貝器に飾られた人びと　漢代　雲南省晋寧県出土

苗族の踊り［貴州省］

水族の踊り［貴州省］

侗族の村［貴州省黎平県

国家の「歴史」を演出する中国国家博物館。西門前には2008年北京オリンピックに向けてカウントダウンの電光掲示板が掲げられている。［北京］

館内展示。収蔵品は62万点を超える。

市街中心部に位置する天安門。国章にも描かれる。［北京］

漢宣帝期に漢は匈奴を大破して西域における優勢を取ったため、鄯善（楼蘭）の新王による屯田兵の派遣要請を受けて、前六八年に鄭吉を「衛司馬」として派遣し、鄯善以西の数カ国を護らせた（『漢書』西域伝）。前五九年、匈奴日逐王の降伏によって、天山北部における匈奴勢力の衰退に伴い、漢は鄭吉に北道もあわせて護ることを命じた。それ以降、その官職を「都護」と称するようになった。

『漢書』*によれば、西域における都護は前後の十数人とも「持節領護」、つまり皇帝から直接自主権をもらっている。

その任務は、まず諸「外臣国」を護ることであった。西漢末期、都護権限の管轄下に入ったのはじつに五十カ国にも達し、都護が各国から軍を徴発して軍事行動を起こしたこともしばしばであった。

第二の任務は、漢との「臣属」関係がない「諸外国」の動静を監視し、機を見て発することであった*。礼を以て羈縻する「外臣国」のほかにある「外国」に対し、都護は諸外国の動静を窺い、動きがあれば報告し、鎮めれば鎮め、撃てば撃つという任務を背負う（『漢書』西域伝）。

「持節領護」が設けられた地域は、西域のほかにもあった。しかしこれらの地域は、すべて対匈奴戦争において戦略的位置を占めるという共通点をもつ（『後漢書』西羌伝）。明らかに、西域経営の方針と同じように、漢の「校尉制」「都護制」も、みな匈奴に対抗するという軍事的目的で設けられたのである。

「天下」の正統王朝と自任する漢王朝は、南越、東越、西南夷および朝鮮など

『漢書』 120巻。後漢の班固［32–92］著。前漢高祖から王莽滅亡までの231年間の歴史を記した正史。

＊『史記』大宛列伝によれば、「大宛以西の諸国、皆漢から遠いと思い、なお恣意に驕り晏然し、未だに礼を以て羈縻することできない」。

本来秦の封を受けたあるいは秦の勢力範囲に入っていた地域に対し、それを継承すべきと考えた。そのために、これらの地域を「外臣国」から、次から次へと「内属」させた。しかしそのほかの周辺地域に対し、かならずしも王朝の直轄領にすると考えたわけではなかった。匈奴対策の延長線で提起された「西域経営」を通じて、漢が異民族地域を一律に直接支配下に置く意志のないことを見ることができる。

4・「万里長城」をめぐる匈奴との攻防

秦漢時代以前から、中国の北方にある遊牧民族の匈奴は強大な遊牧国家として成長し、中国に脅威を与え続けてきた。* 中華帝国の樹立とともに、匈奴の中国侵略もますますエスカレートした。始皇帝は六国を統一してから、ただちに蒙恬に一〇万人の軍を与えて北上させ、匈奴勢力を黄河以北に駆逐し、臨洮から遼東までの「万里の長城」を仕上げた（『史記』匈奴列伝）。独裁者である秦始皇帝にとって、万里の長城は最後のやむを得ない手段だったのであろう。

しかし長城は、始皇帝によってはじめられたのではない。戦国時代に戦法が戦車から騎兵に変わったため、戦国の七雄は相次ぎ長城を作った。ただし、斉、魏、韓、楚は主に「中国」の国同士の侵入に備えたが、北方に位置する秦、趙、燕の長城は、匈奴に対する防衛のために作られた。これが秦の北方辺境に横たわる「万里の長城」の基礎になっている。

＊『史記』秦本紀によれば、前318年に「韓・趙・魏・燕・斉は匈奴を率いて共に秦を攻める」。

蒙恬 → p.53

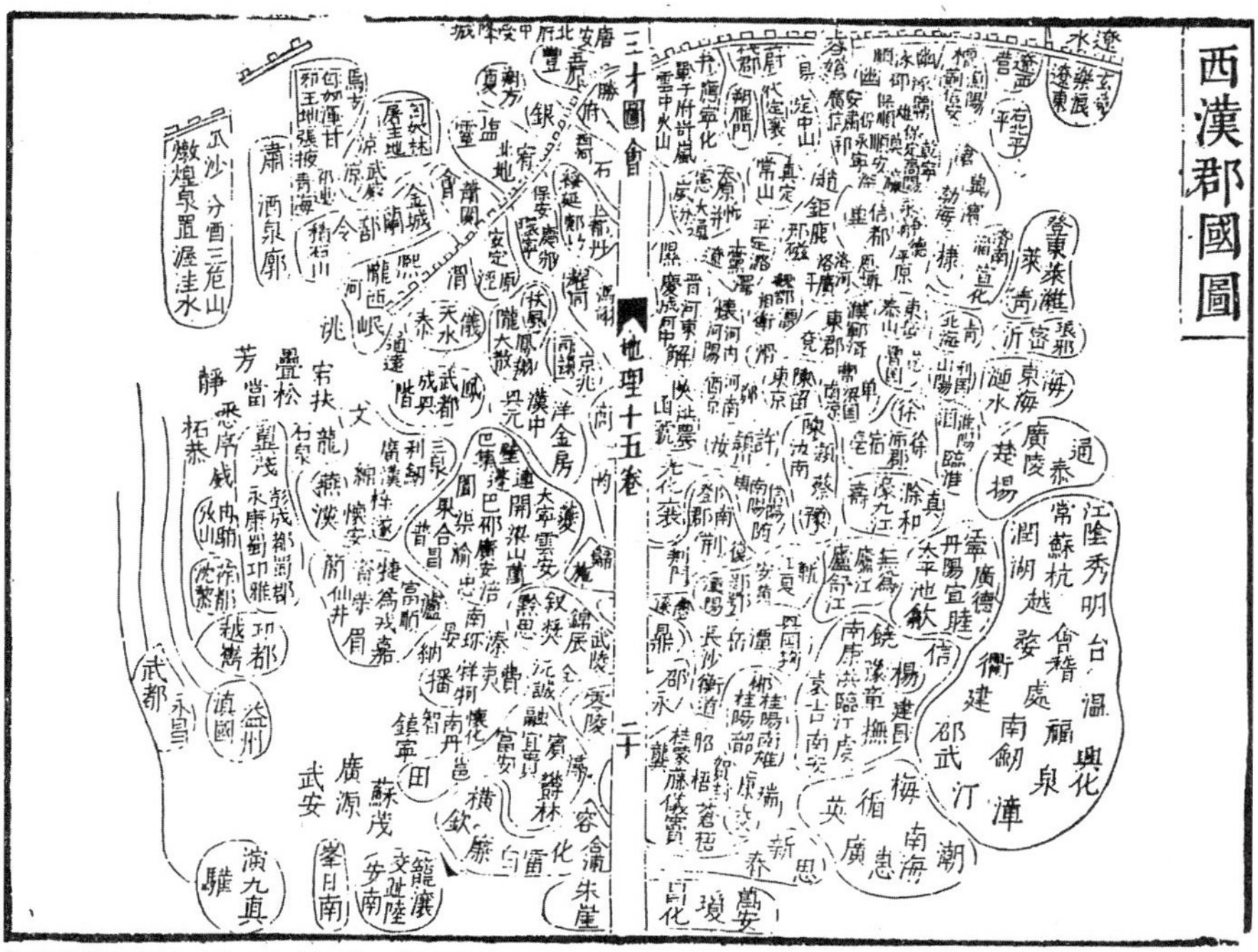

「西漢郡国図」 漢の九州 「三才図会」より

万里の長城

「万里の長城」は農耕民世界と遊牧民世界の境であった。漢文帝期に匈奴に投降した中行説《ちゅうこうえつ》は、匈奴が漢に強い理由は「衣食が異なるため漢に仰ぐことはない」ことにあり、もし匈奴が「風俗を変え漢の物を好めば、道具の一、二割しか漢の物にならないうちから、匈奴はもう漢になってしまう」と分析した。強力な匈奴を維持するために、匈奴の漢に対する依存を最小限に抑える必要があると、単于に力説した（『史記』匈奴列伝、『漢書』匈奴伝）。

しかし、所詮自然災害に弱い遊牧民にとっては、あらゆる手段で農耕民世界から食料などを略奪する必要があった。そのため、「万里の長城」を巡る激しい攻防が、秦、漢と匈奴の間で繰り返された。

秦末漢初、匈奴の冒頓単于《ぼくとつぜんう》*が東胡を破り、月氏を負かし、砂漠以北を統一し、一大帝国を建て、さらに南下して漢王朝と雄を争った。前二〇一年、匈奴は黄河を渡り、秋に太原を攻め、さらに晋陽を奪った。

翌年、長楽宮を落成させた漢の高祖劉邦は、大軍を率いて北上し匈奴を撃とうとしたが、かえって白登台で包囲された。かろうじて脱出した高祖は、劉敬《りゅうけい》の提言で、「皇族の娘を単于の閼氏に奉じ、匈奴に年に一定数の絮・繒・酒・米・食物を送り、兄弟の約束を結び以て和親する」という対匈奴政策を採るようになった（『史記』匈奴列伝、『漢書』匈奴伝）。

こうした不平等な「二主の約束、兄弟の関係」は漢景帝期（前一五六〜一四〇年）まで続いた。前一七六年、冒頓は「天が立てた匈奴大単于」の名義で漢文帝

冒頓単于　ぼくとつぜんう［?—前174］前漢のころの匈奴王。父を殺して単于（君主）となり、東胡・月氏を破ってモンゴル高原を統一。遊牧国家匈奴の全盛期を開いた。

に書を送り、月氏・楼蘭・烏孫など西域の二六国を収め、「諸引弓の民が一家に併合」と通告した。前一六二年に漢文帝は匈奴単于に書を送り、「先帝からの制度で、長城以北は引弓の国（遊牧民の国）で、単于の命を受ける。長城以内は冠帯の室（農耕民の国）で、朕が治める。……朕と単于はともに民の父母なり」と、長城以南への侵入の停止を要請したのである（『史記』匈奴列伝）。

漢武帝以前の漢と匈奴の関係は、事実上二つの対等な主権国家であった。この時期の対匈奴政策は、一元的「天下」の否定であるが、二つの「天下」と二人の「天子」が同時に存在するのは、中国の伝統的「天下観」にまったく沿わないものであった。

しかも、この政策の効果は予想したよりはるかに薄かった。漢武帝の初期まで、「和親」は、合計九回行われたにもかかわらず、匈奴は安易に「絶和親」、すなわち和親時の約束を廃棄し、その侵入を一向に止めなかった。*「和親政策」のもとにできた「和平」は、事実上限定された「和平」なのである。

漢はこうした限界を感じなかったわけではない。漢は経済の回復に努める一方、他方で文帝期から上林苑《じょうりんえん》で軍事演習を繰り返し、西北の辺境地帯への移民活動を通じて「実辺」（辺境充実）を図り、匈奴に対する戦争に備えていた（『漢書』匈奴伝）。つまり、漢はやむを得ず「和親、通関市、給遺匈奴」（『史記』匈奴列伝）を基礎に不平等な「兄弟関係」を結んでいた。さまざまな意味で、武帝時代における対匈奴政策の転換は、漢にとってむしろ自然な成り行きであった。

＊「小入が小利なり、大入が大利なり」（『漢書』晁錯伝）と、文帝が前174年に単于に送った書の中で指摘したように、「約束を破って兄弟の関係から乖離するは、常に匈奴にある」（『漢書』匈奴伝）。司馬遷も「利なれば則ち進み、利ならざれば則ち退く。遁走を羞ちず、利さえあれば、礼儀を知らず」（『史記』匈奴列伝）と、「匈奴の文化をひとつの文化として意識的に評価しようとしている」のではなく、むしろ軽視している。

前一三三（元光二年、一説は一三四）年に武帝は単于を長城以南に誘って殲滅しようと図ったが、消息が漏れて失敗した。匈奴は和親を絶ち、道路要塞を攻め、辺境を越えて侵入するようになり、漢と匈奴との伝統的関係は崩壊した（『漢書』匈奴伝）。

5・兄弟の国から属国へ

その後、武帝は一三回にわたり、大規模な戦争を起こし多大な犠牲を払って匈奴を砂漠の北部に駆逐し、今日の甘粛省河西地域で五つの郡、いわゆる「河西五郡」を置いた（『史記』匈奴列伝、『漢書』匈奴伝）。そして前一二七年に河西地域において秦の長城を修繕し、前一二〇年に現在の蘭州市から酒泉まで、前一一〇年に酒泉から玉門関までの「河西長城」、前一〇二年に匈奴がいなくなった大砂漠の南部において「漢南長城」をそれぞれ新築した。「漢南長城」は秦代の長城より数百里、あるいは千里以上北に位置するため、「外城」とも呼ばれる（『史記』匈奴列伝）。

前一一〇（元封元）年に武帝は一八万の軍を率いて北部の辺境地帯を巡視し、「天子」の名義で匈奴に挑戦状*を送った。前一〇一年に武帝はまた「斉の襄公が百世以前の仇も討ち」という「春秋の大義」を主張して、匈奴への復讐を誓った（『史記』匈奴列伝）。漢の攻撃を恐れた単于は「子分のわたしはどうして漢天子を覗くだけの度胸があろう。漢の天子はわが義父のようなものである」と述べ、「兄

＊「南越王の首は漢北闕に懸けられた。単于にできるなら、漢と戦えばよい。天子自ら軍をもって辺境で待つ。単于にできなければ、南面して漢の臣になればよい」

弟の国」という両国関係に変化があったことを認めたのである（『史記』匈奴列伝、『漢書』匈奴伝）。

紀元前一二一（元狩二）年、「秋、匈奴の昆邪王、休屠王を殺し、その衆を并将し合計四万人を率いて来降す。五属国を置きて之を処らしむ*」（『漢書』武帝紀元狩二年）。

「属国」の詳細内容については、手塚隆義《てづかたかよし》が「典属国の総括するところであったが、直接には属国都尉が監督指揮した。投降胡人はこの下に生活をしたのである。大体投降部族をそのまま移したものであったらしいが、それが莫大な人数であれば分割せられて各属国を形成した。その重なる者は封侯せられて食邑に依って長安に住し、麾下の部下小王は部下と共に各辺境に配せられて属国都尉に属した。しかし属国内にあっては本国の政治組織を壊さず王またはその下に千長等が存した。すなわち匈奴の封建制度をそのまま、あまり大きなものは小さく解体して存した」と分析している。ちなみに、日本の秦漢史研究の重鎮鎌田重雄《かまたしげお》もこの考え方を支持する。

武帝が属国を作った目的については、手塚隆義も鎌田重雄も「多数の投降胡人が漢の国内に氾濫した。…いかに降者優遇の懐柔策を強行した武帝もこの状態を続けさせる事は不可能であったろう。ここにおいて河南に彼などの習俗を保たせて自給させ、匈奴の侵入に対してはこれの防衛に当たらせる、すなわち投降胡人に給する費の節約と夷をもって夷を制する所謂一石二鳥の目的で五属国が設けら

＊五属国の国名については様々な説があるが、その地理的位置が大体万里の長城内の、今日の甘粛省にあることは間違いない。顔師古によれば、「凡そ属国と呼ばれるものは、その国名を存続させながらも漢王朝に属する、ゆえに属国と呼ばれる」（『漢書』注）と、「属国」の性格を指摘する。

れた」と考えているようである。

しかし、費用の節約という目的があったとしても、属国制度の一面にすぎない。武帝が東越の民衆を中国内地に移住させたのは、前一一〇年のことであった。手塚説による節約の目的があれば、ここに本来属国を設けるべきであったが、にもかかわらず、越の民による属国は設けられなかった。

前漢の属国設置は対匈奴を主としていたことは言うまでもない。注目すべきは、漢が南方と東方の農耕民族に対して郡県制を導入し、その独立国としての地位を剥奪して「内属」させて、そして西域のオアシス諸国に対して宗主権だけを求め、「外臣国」にしたにもかかわらず、なぜ匈奴だけに対して「属国」を設けるのかという問題である。実際、漢の対匈奴政策は同時に懐柔と牽制という二つの性格を強く有するものであり、「属国制度」もその目的に沿って設けられたのである。「属国」は主権をもたず、行政において「郡」と同レベルであった。* しかし万里の長城の内に異民族の「国」を設けて、属国内にあっては本国の政治組織を壊さず王またはその下に千長等*があった。すなわち、匈奴の封建制度をそのまま、あまり大きなものは小さく解体して残したのである。ここに「属国制度」による懐柔の性格を見ることができる。ところが、「中国」の郡に「相」「尉」「監」があるのに、属国ではたんに軍事長官である「尉」しか置かなかった。* 辺境の異民族地域に設置された属国都尉の仕事は、現地の異民族を監視することであり、属国も事実上一種の軍事管理下に置かれた特別行政区であった。

＊『後漢書』百官志によれば、「属国」は「若干の県を持ち、民の数は郡と同様である」。

千長　王族の組織の中の小領主として属する名前。小王、、千長、百長などがある。

＊『漢書』百官公卿表によれば、「武帝元狩三年昆邪王降、属国を増やし、都尉、丞、侯など千人を置く」。

茂陵［陝西省興平県］漢代帝王陵の中で最大。武帝は在位2年目から造営を始め、国の租税の3分の1を費やし、53年もの期間をかけた。まわりには臣下、外戚、皇妃の陪塚が点在する。

霍去病墓「馬踏匈奴」 霍去病［前140-前117］は武帝の皇后衛氏の弟で大将軍だった衛青の姉の子。武帝は出兵先で若く病死した霍去病を自分の陵の近くに陪葬し、匈奴との戦いの功をたたえた「匈奴を踏み付ける馬」をはじめ、さまざまな石刻を置いた。

懐柔と牽制の二つの性格をもつ対匈奴政策の背景には、強大な匈奴帝国の存在があった。しかし前六〇年に匈奴は内乱に陥り、前五七（漢宣帝五鳳元）年に匈奴は五人の単于が並立する状況になった。そのひとりの呼韓邪単于《こかんやぜんう》*は漢の支持を取り付けるために前五一年に来朝、臣を称した。呼韓邪単于は三回も入朝したが、中国の君主に対する匈奴単于の「入朝」がかつてなかったため、漢宣帝は呼韓邪に対し特別に礼遇し、席を諸侯王以上にした。「入朝」自体は、「君臣」関係を意味するものである。

呼韓邪単于は、また漢宣帝から「匈奴単于璽」という銘文が刻まれている金印を受け取った（『漢書』匈奴伝）。「璽」とは本来「君主の印」を意味する。ところが、その授受関係は匈奴の君主が漢の天子に承認されるような意味合いをもつものであった。前五三年から、呼韓邪単于およびその後の四人の単于は前後合計九人の「侍子」を漢に送った。「称臣」（臣属）、「入朝」、「質子制度」の成立は、漢が匈奴に対する宗主権を取得し、呼韓邪単于系統の匈奴が漢の「外属国」になったのである。皇帝と単于との関係が昔の「兄弟」ではなく、「君臣」に変わったことを意味する。二百年間の対匈奴政策を通じて、漢王朝は最終的にみずからを中心とする「天下秩序」において自分と対等的な存在を認めない意志を現実化したのである。*

6・儒教による夷狄の教化

呼韓邪単于　こかんやぜんう　在位前58–前31。

*南匈奴時期に匈奴がはじめて主権を失ったということを理由に、漢と匈奴との関係は南匈奴時期からはじめて変わったと主張する研究者もいた（内田吟風『匈奴史の研究』）。しかし主権を当時の国際関係の唯一の基準とすることは不適当であり、つまり宗主権も「臣属」の関係を意味するのである。

焚書坑儒　秦の始皇帝が行なった思想弾圧。前213年、医薬・卜筮・農事関係以外の書物を焼き捨て、翌年、学者を穴に埋めて殺したといわれる。転じて、学問や思想に対する弾圧をいう。

孔子・孟子の時代から、儒学はすでに豊富な政治的社会的内容を有していた。秦代の「焚書坑儒《ふんしょこうじゅ》」*にも関わらず、漢代になって、儒学はその「治世之学」という本来の性格から、ふたたび政治に接近した。叔孫通《しゅくそんとう》*は漢の高祖に「朝儀」(朝廷の儀礼)を作り、漢王朝に奉仕した最初の儒学者であった。しかし、漢初期の統治者は、七〇年間に「休養生息」の政策を取ったため、「恭倹無為」の「黄老之学」*を好んでいた。武帝は即位してから、黄老之学がその志に合わないため、ふたたび儒学に接近し、全国各地に儒学者を推薦させ、みずから古今の治国の道を彼らに尋ねた。

武帝の目をもっとも引いた儒学者は、『春秋』*公羊学者の董仲舒《とうちゅうじょ》*であった。董仲舒のもっとも重要な論点は、「天人合一論」と「天人感応論」であった。「天人合一論」とは、天はその意志に従って人間を作り、人間の感情と性格は天から受け取り、人間社会の一切は、みな天の意志によるものという説であった。結論的に言えば、「天人合一論」は、天子は天から受命し、天下は天子から受命すると主張する(『春秋繁露』為人者天)ものである。

「天人感応論」*は、王朝の交代も天命によるものであるとの主張で、秦に代わった漢王朝を正当化したのである。

『春秋』から強い影響を受けた董仲舒は、その「天人三策」において、「春秋の言う一統は、天地の常なり、古今の道なり」と述べ、その「大一統」(ひとつにまとめることを重んじる)は、思想の統一を通じて政治の統一に、軍事の統一を

叔孫通　しゅくそんとう　前漢の儒者。生没年未詳。高祖・恵帝に仕え、漢の諸儀法を制定。武帝のときの儒教国教化の基礎をつくった。

「黄老之学」『黄帝内経』『老子』を経典とする道教の学問

『春秋』　11巻。春秋時代、孔子または教示を受けた魯の国の史官が編んだ編年体の歴史書。『春秋経』とも。

董仲舒　とうちゅうじょ　[前176―?]　前漢の学者。広川(河北省)の人。武帝に進言して儒教を国教にすることにつとめた。著「春秋繁露」など。

*主な意味は、「国家の失政が萌芽すれば、天が災害を出して以て戒める。戒めても変わろうとせずなら、そこで怪異を現して以て驚かせる。驚かせても恐れを知らずなら、そこで災難が訪れる」(『春秋繁露』必仁且智)というもの

通じて版図の統一に、文化の統一を通じて天下の統一に達するというものであった。君主専制体制のもっとも重要な特徴は、まさにこの皇帝を中心とする「一統」である。

董仲舒の提言を受け、前一三五年武帝は太学を設け、「五経博士」*を設置し、儒学の「独尊」の地位を確立させた。秦の「坑儒」から漢の「尊儒」まで、儒学は政治化、経学化、そして神学化され、「儒教」へと変身したのであった。

漢武帝が儒学を尊び、権力を集中させる目的は、郡国勢力の排除のほかに、匈奴による脅威の解消にもあった。

董仲舒の夷狄思想はいかなるものであろうか。

それは第一に、夷と夏を区別し、夏を以て夷を変えるべきと主張することである。「礼は夷狄を相手とせず、中国を相手にするものなり。春秋の常辞なり」(『春秋繁露』竹林)。この区別は差別とも言えなくもないが、基準が「礼」という文化的基準である。しかし、董仲舒は、文化の変化、つまり礼を受容するにつれて夷狄も中国に変身できると考えたのである。

第二は、夏を以て夷を変える方法は「徳」による教化しかないという点である。董仲舒から見れば、外国との関係の処理に当たって、「徳に任せず力に任せる」のは、『春秋』のもっとも嫌うことであり、「『詩経』曰く徳行を覚えれば、四方の国が服従する。…王者は明著の徳をもてば、四方が彼に呼応しないものないなり」(『春秋繁露』郊語)。

五経博士 五経(易・書・詩・礼・春秋)を教授し、文教をつかさどるために制定した学官

駱駝図画像磚
後漢　高33.5cm 幅41.5cm　四川省博物館蔵　官吏の外出行列の儀仗鼓吹楽隊の一部。鼓吹は北方民族からはじまった軍楽で、当時は辺疆の守備隊将軍と万人将軍のみ、もつことができた。

車馬渡橋画像磚
後漢　高41.0cm 幅47.3cm　四川省博物館蔵　板敷橋を駆け抜ける馬車。車上の２人は、右が御者、左が官吏であろう。

儒学の「道理を重視して利を謀らない」という思想は、武帝の戦争の思想に合わず、また実情にも適応できなかった。かつて儒学者の狄山は、軍隊による辺境防衛は必要がなく、仁義で匈奴を感動させるべきであると強く主張していたが、武帝によって使節として匈奴に派遣されたが、一カ月にならないうちに殺害された。漢武帝は董仲舒の「夷狄思想」も、事実上受け入れなかった。

7・法家が主張する対匈奴戦争

武帝は国政の運営においてはじつに多くの法家の人物を使っていた。政治舞台で活躍し、富国強兵を仕上げる人物の中でもっとも有名なのは、張湯と桑弘羊《そうこうよう》*である。興味深いのは、二人ともに対匈奴戦争の積極的な支持者であったということである。張湯は法律条文を作り上げて対匈奴戦争を積極的に支持したが、桑弘羊はさまざまな手段方法を通じて戦争を支持する財源を作り上げ、漢王朝の財政危機を解決した。

法律で国を治めると主張する法家は、儒学者と一様に中央集権制を支持する。董仲舒と秦代最大の法家・李斯《りし》*は、「大一統」の主張においてその使う用語まで同じだったという。しかし「大一統」を実現させる方法論においては両者は根本的に相違する。その相違を巡る両者の最大の直接的な対戦は、漢昭帝始元六（前八一）年に開かれた「塩鉄会議」であった。

漢代では、重大な政策決定を巡る思想的対立が激しくなると、朝廷が官僚と儒

桑弘羊　そうこうよう［?–前80］前漢の政治家。国家財政に精通。

李斯　りし［?–前210］秦の政治家。郡県制施行、焚書坑儒、文字・度量衡の統一などを進言した。

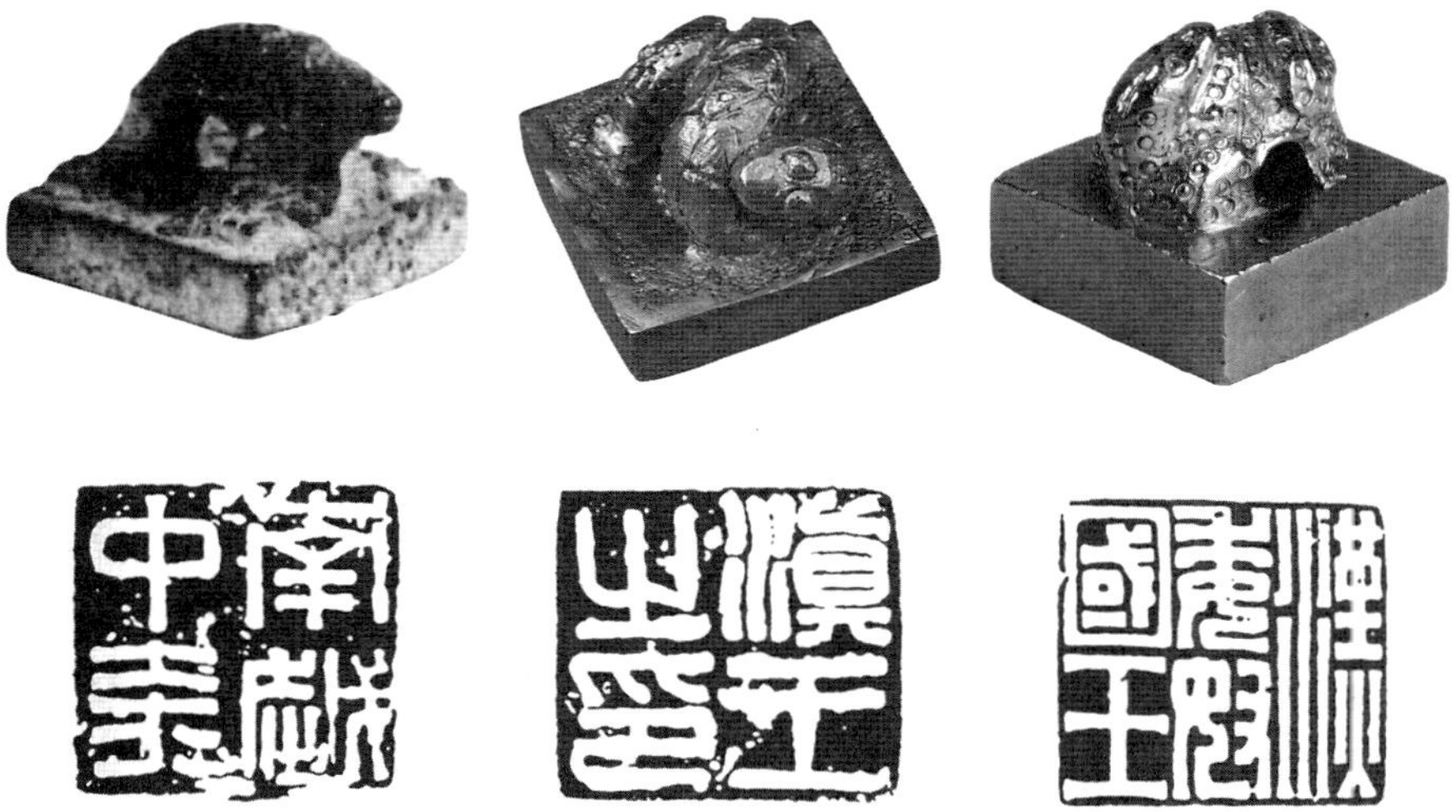

官印「南越中大夫」「滇王之印」「漢委奴國王」「南越中大夫」「滇王之印」は漢が南方少数民族首長に与えたもの。「漢委奴國王」は倭の奴国に光武帝が与えたものと考えられている。「南越中大夫」のつまみは魚の形、ほかの二つは蛇の形をしている。

漢が北方少数民族に与えた官印。左から匈奴、烏桓、蠻族。つまみには羊や馬、駱駝などの形が用いられた。

学者による専門会議を召集してその政策を議論させる制度があった。塩鉄会議は、塩と鉄の専売制度、酒類の専売制度（酒榷）および官営貿易（均輸）の是非を問うことではじまった。賢良・文学*らは、「民衆が（財産を）家に入れ、諸公が国に入れ、天子は海内に入れる。天子は四海を蔵とすべき」（『塩鉄論』禁耕）という理由で、「利を巡って民と争う」専売制度の廃止を訴えた。儒学者の主張に対し、御史大夫桑弘羊は、漢武帝は匈奴の侵略によって苦しめられる辺境の民を救うため長城を作り、辺境防衛の費用を解決するために専売制度を取ったのであり、専売制度を廃止すれば辺境防衛を維持する財源がなくなると指摘した（『塩鉄論』本議）。

桑弘羊は対匈奴戦争を理由に専売制度を正当化したのである。そのため、双方は対匈奴戦争の是非を巡って激しく口論した。桑弘羊は、辺境防衛は辺境の民に被害をもたらすことを理由に、漢軍と匈奴との戦争、そして漢軍の匈奴侵入の正当性を主張する。

ところが、儒学者は戦争という手段に強く反対する。儒学者がもっともよいと考えた方法は、徳による教化で、夷狄を心服させることである。*

両者の匈奴、ならびに周辺の異民族に対する認識は根本的に異なる。戦争を強調する法家の人物は、匈奴が「無信」「無義」、「無礼」「無徳」（『塩鉄論』世務、論功）、「百約百叛」の「貪狼」（「百回約束して百回破る」『塩鉄論』和親、『塩鉄論』世務）と見ているが、「徳」を以て教化すると主張する儒学者は、夷狄も「徳」を理解する者であると主張する。* 儒学者の夷狄思想は、明らかに、孔子・董仲舒の思想

賢良・文学　官僚試験に合格した儒学者

*「（防衛は）徳によるもので強固によらない。誠に行義を阻とし、道徳を塞とし、賢人を兵とし、聖人を守とすれば、塞に入れる者なし」、「険で拒むより義で拒む」、「道徳を城に、仁義を城壁にすれば、迫るものなし、侵入するものなし」（『塩鉄論』険固）

*「『詩経』曰く桃をくれれば、李で報いるとあり、善意で交えれば悪意で返すことなし。…四海の内兄弟なり」（『塩鉄論』和親）、「徳を加え、恵みを施せば、北夷は必ず中国に近寄る」（『塩鉄論』憂辺）。また、かつて孔子は「忠信を言い、篤敬を行うことは、夷狄の国でも通用なり」（『論語』衛霊公篇）と述べている。

銅貯貝器　前漢　残高39.5cm　雲南省晋寧県出土　もとは2つ重なったもの。残った下部には人物・牛馬など21体が鋳られ、その姿から7つの部族が考えられ、諸部族が滇王に貢物を納めているようすをあらわしている。

銅貯貝器　部分

牛形銅飾　前漢　長5.3cm　内蒙古自治区包頭市出土

と一脈相伝である。

たしかに、夷狄に対処するため諸夏は疲れ果て、四夷に対処するため中国を使い尽くした（『塩鉄論』復古、『塩鉄論』結和）と言ったように、儒学者が「中国」内部における「仁政」のために対匈奴戦争に反対する部分も大であるが、注目すべきは、儒学者の究極的な目的は、決して中国の平和そのものだけではないことである。儒学者が求めているのは、実は「仁」と「徳」を絆とする天下秩序である。* その天下秩序は、当然中国を中心にして形成するが、中国に対する周辺地域の服従関係が一律ではない。儒学者にとっての理想的な天下図は、近い者を直接支配し、遠いものを「朝貢関係」によって結び付けるという多重のものであった。

班固《はんこ》がその『漢書』匈奴伝・賛において「仲舒の論は当時の情勢にもあわないし、後世に対してもいささかの価値なし」と董仲舒の夷狄思想を批判しているように、法家の現実論に比べ、儒学の夷狄思想はあくまで理想論にすぎなかったことは間違いない。しかし、中国内部における「仁政」の延長線上に位置付けられた「徳による教化」という儒学の夷狄思想は、当時の社会、そして後世に大きな影響を与えた。かつて武帝もその晩年に、「漢のすべてが草分けに当たり、加えて四夷が中国を侵凌したため、朕は制度を変更しなければ、後世に法がなく、軍を出して征伐しなければ、天下が不安になる。そのため民を疲れ苦しめざるを得なかった。しかしもし後世も朕の振舞いを繰り返せば、亡秦の跡を踏むことになる」（『資治通鑑』二二巻）とみずからも反省したという。

＊「春秋の言う王者無敵とは、王の仁が厚く、徳が美しく、天下が賓服し、王と対等を求める者なしことを意味する。徳が域外に延び、舟車の至るところ、足の届くところ、照らされないところなし。蛮百　異国、自ら数重の通訳を通じても来る。こうすると、天下が和同し、君臣は一徳し、外内が相信し、上下が睦しい」（『塩鉄論』世務）

8・夷狄も天下秩序の一部

中華帝国は、その成立した時期から周辺民族、とくに匈奴との関係に悩まされてきた。そのため、夷狄蔑視・敵視の内容もますます深化する。前一九二年に大臣季布は、匈奴の冒頓単于の侮辱によって激怒した高后に対し、「夷狄は禽獣なり、其の善言を得れば喜ぶに足りず、其の悪言を得れば怒るに足りず」（『漢書』匈奴伝）と慰めていた。しかし、前三年に有名な儒学者楊雄《ようゆう》*は、匈奴の単于が来朝するたびに不吉な事が起こるという見方に対し、「外国の人は天性が残忍であり、体が大きくて情緒的に行動し、力で勝負する。善を以て教化するのが難しく、悪をもって抑制するのが容易い」と、内面的分析に据えて反論したのである（『漢書』匈奴伝）。

ところが、差別意識の深化と同時に、夷狄が帝国による天下秩序の一部であるとの意識もますます明白になった。漢文帝期のもっとも有名な儒学者賈誼《かぎ》*は、「凡そ天子とは天下の首なり、上なり。蠻夷とは天下の足なり、下なり」と述べ、華夏と夷狄の上下関係を明記する一方、他方では「華夷一体論」を唱えた（『漢書』賈誼伝）。「四夷賓服」こそ中華帝国の理想的なスタイルであるという認識は、儒学者だけではなく、政治的支配者においても共通する。実際、中華帝国はその創立期から、多民族国家のスタイルをとっていた。

前述のように、漢の中央政府に専門的に異民族に関する事務を司る「典属国」

楊雄　ようゆう［前53–後18］揚雄とも。前漢の学者・文人。

賈誼　かぎ［前201–前169］前漢の学者。文帝に信任されたが、重臣らの反対にあって長沙王の太傅に左遷された。

という官職があり、『漢書』百官公卿表によれば、その所属官僚は「属国都尉」と「九訳令」であった。「属国都尉」が「内属」した「属国」に関係する職で、「九訳令」は、数重の通訳を通じてはじめて意志伝達ができるような遠方の国との関係を司る職であった。「九訳令」の仕事の対象は、中華王朝と朝貢関係を結び、中国がその宗主権を有する「外臣国」であった。* 地理的側面から見れば、この「内」「外」を区分する役割を果たしたのが万里の長城である。

結論的に言えば、秦漢王朝によって作り上げられた中華帝国の天下秩序は、「漢人」の地域、中国領域内の周縁地域にある異民族が行政を自治的に行う「内属国」、中国の外部にある「外臣国」という三重の構造を有するものであった。換言すれば、秦漢時代を通じて、「三重の天下」という中国の文化伝統が中華王朝の政治制度として定着したのである。多くの研究者が指摘したように、「(中国)二千年之政、秦政なり」。たんに中央集権制という国内の政治体制だけではなく、今日を含む各時代における中国国家の構造も、多かれ少なかれ、すべてその系譜で見ることができる。ちなみに、秦と漢による辺境経営は、周辺の非漢民族に大きな影響を残した。漢武帝の時代以前、中華文化を共有し、中国の王朝のもとに暮らす人々を「秦人《しんじん》」と呼んでいたが、それ以降、「漢人《かんじん》」と呼ぶようになった。*

＊『漢書』張騫伝に「(漢は)地を万里に広め、訳を九回重ね、特殊の風俗(の国)を招き、威徳が四海に遍く」とある。

＊「匈奴縛馬前後足置城下、馳言秦人我丐若馬」(『漢書』西域伝)。「(匈奴願)近西羌保塞、与漢人交通」(『漢書』匈奴伝)。ここでの漢人は、また漢(王朝または国)の人という意味が含まれる。民族集団名としての「漢人」の起源もここにあった。

第四章　胡族政権による中華王朝

——五胡十六国

中国における中央集権的統一国家の樹立と封建社会の樹立以降、東漢末期から、中国は長い戦乱期に入った。とくに三国時期から晋末期にかけて、軍閥戦争が相次ぎ、そのため、人口移動も激しくなった。漢人が周辺地域に移動し、河西地域で前涼・西涼政権のような地方政権を樹立したケースもあったが、全体としてもっとも多かったのは、「五胡入中原」、つまり北方の遊牧民族―「胡」―が万里の長城を越えて、人口の激減した中原に入り、本来の漢人地域に居住することであった。五胡とは、匈奴《きょうど》、羯《かつ》、鮮卑《せんぴ》、氐《てい》と羌《きょう》である。

二九〇年から晋武帝司馬炎*の死後の権力継承を巡り晋王朝が一六年間も続く「八王の乱」に陥り、胡族による蜂起が相次ぎ、複数の「胡族」の政権が樹立され（左頁表）、中国の北方は「五胡十六国」の時代に入った（十六国のなかに漢人による政権もあった）。中原地域に作られた胡族政権が中華文化、そして中華文化を共有する人々―漢人―に対していかなる政策をとったか、そしてみずからに対し中華王朝との関係上においていかなる位置づけを行なったのか。これらの問題は、中華王朝の歴史的変遷を考える上で、実に興味深いものである。

1・「単于」から「皇帝」へ

中原地域で最初にできた胡族政権は、匈奴によるものであった。匈奴は本来モンゴル高原に住んでいたが、北匈奴が西へ移動してから、中国の王朝に服従を表明した南匈奴は、鮮卑族による侵略および自然災害を受けてますます中国内地へ

司馬炎　しばえん［236–290］
西晋の初代皇帝。武帝。

五胡十六国時期の主な胡族政権

国名	創始者	民族	単于官制	自立年	年号	首都	皇帝即位年	亡国年
漢(前趙)	劉淵	匈奴	あった	304	元熙	平陽→長安	308	329
北涼	沮渠蒙遜	匈奴		397	神璽	張掖		439
夏	赫連勃勃	匈奴	あった	407	龍昇	統万		432
後趙	石勒	羯	あった	319	建平	襄国	329	350
前秦	苻健	氐	あった	351	皇始	長安	352	394
後涼	呂光	氐	あった	386	太安	姑臧		403
後秦	姚萇	羌	あった	384	白雀	長安	386	417
前燕	慕容皝	鮮卑	あった	337	燕元	龍城	349	371
後燕	慕容垂	鮮卑		384	燕元	中山	386	395
西燕	慕容沖	鮮卑		385	燕興	長子	385	395
南燕	慕容徳	鮮卑		398	燕平	広固	400	411
西秦	乞伏国仁	鮮卑	あった	385	建義	苑川		431
北魏	拓跋珪	鮮卑		386	登国	平城→洛陽	398	534
南涼	禿髪烏孤	鮮卑	あった	397	太初	西平(青海西寧)	414	

五胡十六国興亡表

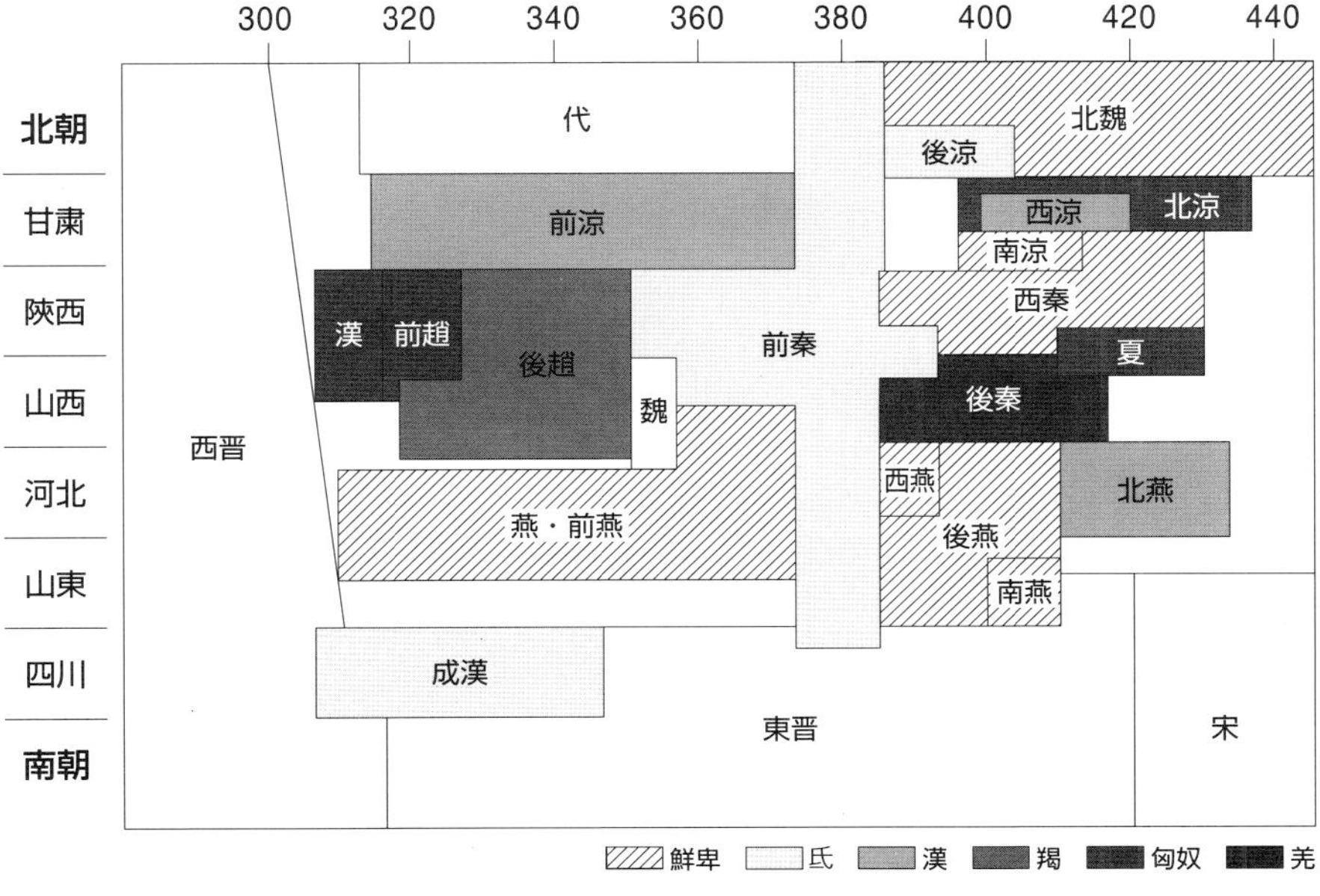

移動し、西晋時代に山西省中部と南部に移住した。西晋の末期において、匈奴およびそれと血縁的淵源関係がある羯・盧水胡などが前後して中原地域で前趙・後趙・夏・北涼などの政権を樹立した。

「前趙」は、南匈奴単于の後裔である劉淵《りゅうえん》*が、同じ王族である劉宣をはじめとする匈奴貴族の助言を受けて、三〇四年に「漢」という名で樹立した政権である。劉宣らは、「興我邦族、復呼韓邪之業」という目標を掲げ、匈奴帝国の回復という志で、劉淵を「大単于」として推挙したのである。しかし結局劉淵が建てたのは匈奴民族国家ではなく「漢」という政権であり、劉淵が就いたのも大単于ではなく「漢王」、そして「皇帝」であった。

匈奴王族の「劉」姓が、かつて単于が漢の高祖劉邦《りゅうほう》*と兄弟の約束をしたことに由来するとされ、ここにきて劉淵は「私はまた漢の甥で、兄弟の約束もし、兄が亡くなり弟が継承するのは当然である」（『晋書』劉元海載記）と、漢王朝の後継者を扮してその正当性を主張するが、事実上、劉淵の理想は匈奴帝国を建設することでも、漢王朝を回復することでもなかった。明らかに、彼は「復漢」という名のもとに漢人の支持を集め、統一した中国の皇帝になり、少なくとも「不失為魏氏（三国時代の「魏」）」と言ったように、中国北部を支配することを目指していたのであった。前燕の基礎を築いた慕容廆《ぼようかい》も当初から「中原を有すべし」と考え、中華王朝の構築を目標とした。その孫である慕容儁《ぼようしゅん》は、秦始皇帝にはじまるという中華国家を受け継いで帝位につく者が譲り受けるべき伝国の印―伝国璽

劉淵　りゅうえん［?–310］漢（前趙）の初代皇帝

劉邦　→p.53

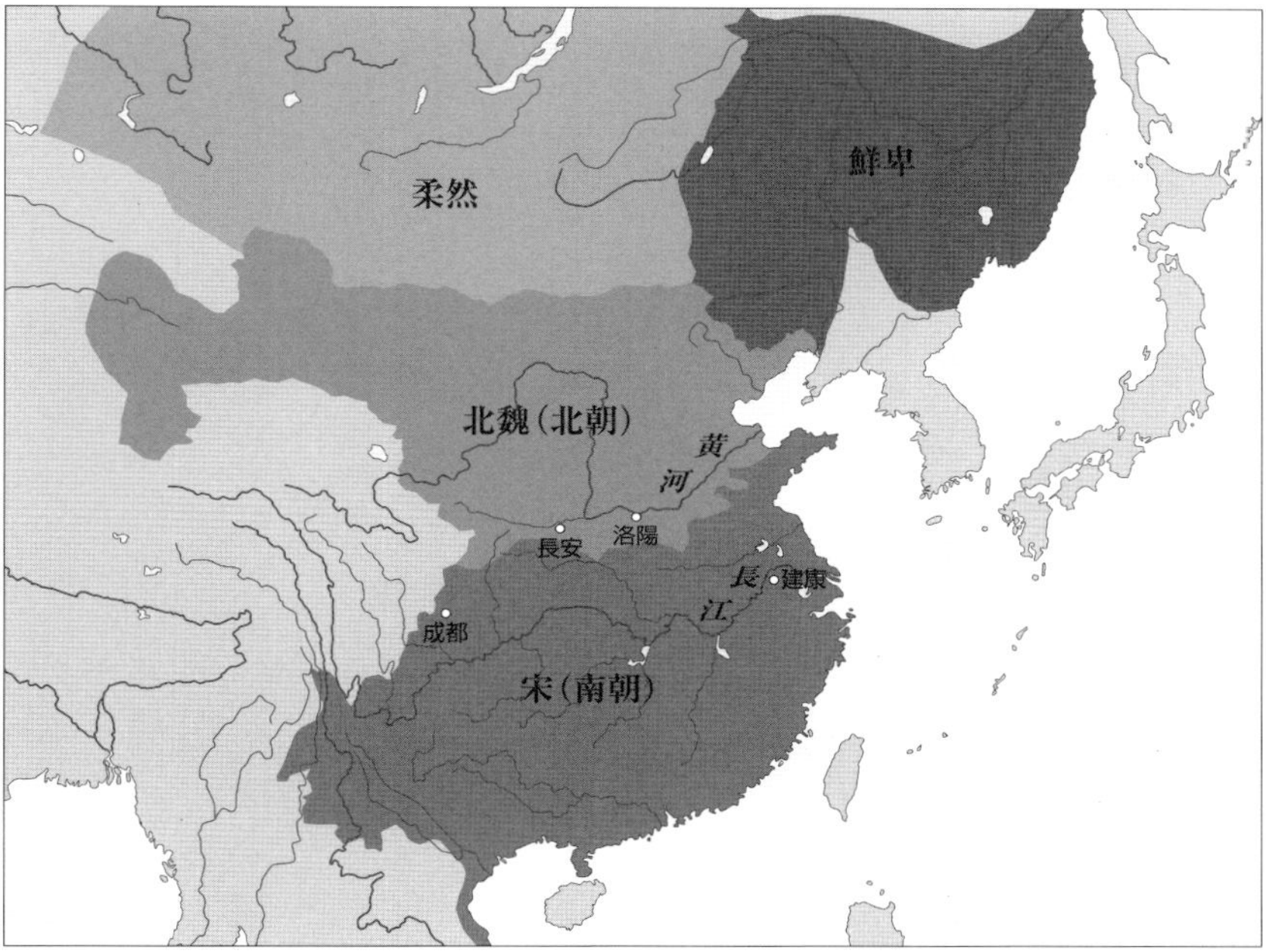

銅銭　直径1.67–2.3cm
1「大夏真興」十六国・夏
2「漢興」十六国・成漢
3「大清豊楽」十六国・前涼
4「涼造新泉」十六国・前涼

「石安韓醜」磚　十六国・後趙　長15.5cm
陝西省西安市出土　建築材料。「石安」は西北地区の県、「韓醜」はレンガつくりの職人の名前である。後趙を立てた石勒はモンゴル系羯族の出身だが、学校をたてたり、官制を整備するなど、漢族の保護につとめた。

—をもらったことをきっかけに、皇帝を称した（『晋書』慕容儁載記）。
ほとんどの胡族政権は中華王朝を目指していた。そのため、多くの支配者が「皇帝」と自称し（称帝）、みずからの元号を立てた（建元）。「建元称帝」は「革命創制」を意味し、胡族の支配者はそれを通じて、その政権建設を中国の正当な王朝交替であると位置付けようとしたのである。西晋が滅んでから中国北方は各民族政権の割拠下におかれ、晋を滅ぼして漢を回復するといった口実がなくなり、そこで各胡族政権はほかの胡族政権に対しみずからの中華王朝の正統を強調するようになった*。

2・胡族政権を支えた漢人士族

胡族政権の支配者が「皇帝」となることは、胡族政権の政治的重心が漢人社会に移ったことの反映である。前趙は降伏した漢人士族—読書人*—を積極的に採用し、それらを通じて政権建設を行った。漢人官僚も王朝の爵位をもらい、匈奴貴族と一緒に胡族政権に仕えていた*。

胡族政権が支配者を「皇帝」とし、そして漢人士族を官僚に登用することは、中央集権的国家を目指しているためでもあった。各胡族政権は、基本的に中原王朝の政治制度を採用している。劉淵は漢魏時代以来の官制を継承し、「丞相」「太尉」「御史大夫」という「三公」、「司徒」（大司徒）「司空」（大司空）「司馬」（大司馬）「太宰」（太師）「太傅」「太保」の「六卿」を設け、あらゆる分野の最高権力

＊「漢」という名称の意味もなくなったため、劉曜は皇帝に即位してから、「晋の金行に次ぐ水行にし、国名を趙とする」（『晋書』劉曜載記）とした。かつて前趙に仕え、319年に趙王・大単于と称して後趙を樹立した羯族の石勒も、自ら「龍飛革命」、「趙は金徳を承り水徳となる」（『晋書』石勒載記下）と主張し、前燕の慕容儁も自らの自立が「革命創制」であると考えた（『晋書』慕容儁載記）。つまり「革命説」と、漢代からの陰陽五行説から来た「五徳終始説」に基づき、それぞれ晋の後の正統な中華王朝であると主張したのである。

読書人　学者・知識人。士大夫。

＊中国の研究者の統計によれば、史料によって記載されている前趙の官僚236人の内、漢人が131人、劉氏一族を含め匈奴出身者が114人とそれぞれなっている。

を中央政府に集中させた。後趙の石勒《せきろく》*も中原王朝の政治制度を採用し、そして「九品中正制」を回復し、漢人張賓を官僚の選任を司る大執法に起用し、多くの漢人士族を登用させ、漢人士族の力を借りて新政権の律令を制定し、行政システムを整備したのであった（『晋書』石勒載記下）。

とくに注目すべきは、複数の胡族政権が魏晋時代の「九品中正制」（九品官人法）を回復させ、漢人を中正官に登用したことである。「九品中正制」とは、中央官僚が出身地域の「中正官」*を兼任し、地域社会の出仕していない知識人を世論・道徳・才能・家柄などで三等九品に分けて、官僚候補として政府に推薦するという三国時代の魏によってはじめられた官僚選任制度である。「但存門第」と言われたように、「九品中正制」には門閥重視という欠点があり、その上で胡人より漢人を「中正官」にして官僚を選任させたことは、胡族の統治にとって漢人士族の協力が必要であることを物語る。

「皇帝」を称しなかった胡族の支配者もいた。*ところが、乞伏国仁《きっぷくこくじん》*が「建義」で、禿髪烏孤《とくはつうこ》*が「太初」で、赫連勃勃《かくれんぼつぼつ》*が「龍昇」であるように、それぞれみな独自の元号を立てた。元号は漢武帝以来中華王朝の特有の制度であり、元号制度の採用は、政治的自立だけではなく、中華王朝の政治と文化伝統をも受け継いだ証である。

胡族出身のため、一部の政権はその前期において、政治支配の二重構造を有していた。前趙・後趙・前秦・後秦・前燕・後燕・北燕・西秦・南涼・夏などの胡

石勒　せきろく［274–333］後趙の建国者。高祖。

*時代によって名前が異なる

*たとえば、385年に西部鮮卑の乞伏国仁が陝西西部・甘粛東部で、大都督・大将軍・大単于と称して西秦政権を樹立し、乞伏国仁の後継者である乞伏乾帰もその他の民族を支配するために大単于の名を保っていた。397年に西部鮮卑の禿髪烏孤は大都督・大将軍・大単于・西平王と称して南涼政権を樹立し、407年に南匈奴の傍系である鉄弗匈奴の赫連勃勃は、寧夏・陝西西部と内モンゴル西部で天王・大単于と称して「夏」という政権を樹立した。

乞伏国仁　きっぷくこくじん［?–388］西秦の初代皇帝

禿髪烏孤　とくはつうこ［?–399］南涼の建国者

赫連勃勃　かくれんぼつぼつ［?–425］夏の初代皇帝

族政権は、その樹立する以前、あるいは初期段階において、最高支配者あるいは後継者を「大単于」としたり、大単于を長官とする官庁「単于台」を設立した。大単于と単于台の仕事は、おもに支配者の出身民族とそのほかの非漢民族を含む「六夷」*の管理である。つまり二重的支配構造を通じて「胡漢分治」を行ったのである。

鮮卑族による南涼の場合、「晋人を諸城に置き農桑を勧めさせ以て軍国の用に供え、われわれが戦法を習い以て未賓服を誅伐するなり」（『晋書』禿髪利鹿孤載記）と言ったように、晋人（晋の支配下にいた漢人）を軍隊から排除している。単于・単于台を設ける政権では、軍隊の指揮権は単于によって掌握された。民族的相違から出発して漢人を牽制する思惑が、胡族支配者の意識のなかに潜んでいることは否定できない。北魏は前期において鮮卑族王族・貴族による「内行官」と、主に漢人官僚による「外行官」という二つの官制システムを敷き、最終決定権をもつ「内朝」を以て、議事機関とされた「外朝」を牽制した。

しかし、前期の北魏のように厳しい「胡漢分治」を実施する胡族政権は全体的に少なかった。後趙の石勒のように、「胡漢分治」をとっていたが、「九品中正制」を採用することを通じて、胡族の優位を事実上無くした政権もあり（『晋書』石勒載記下）、むしろ北魏のほうが例外であった。鮮卑族は西部鮮卑と東部鮮卑に分かれていた。鮮卑族自体は本来東北地域に居住するため、いわゆる西部と東部は、漢人社会との距離から見た概念でもある。以前から漢人社会と接触してきた西部

＊「六夷」 匈奴・鮮卑・羯・氐・羌・烏丸、または匈奴・鮮卑・羯・氐・羌・巴

嘎仙洞 鮮卑族の発祥地。洞の中には、北魏の時代、鮮卑族の起源や先祖の業績について刻された碑文がある。［オロチョン自治旗／内蒙古自治区］

の慕容部に比べ、東部の拓跋部は接触が少なかった。漢人に対する不信感は、ここから来たのであろう。

ほとんどの胡族政権は、漢人に対する民族的差別の理由で「胡漢分治」を取り入れたのではない。漢人士族の手助けで中華王朝を作ることに懸命だった胡族の支配者としては、その治国において民族差別の目があったとしても、まず漢人には向かないであろう。ちなみに、かつて厳しい「胡漢分治」を実施した北魏は、漢人社会と接触するにつれて、漢人の文化―中華文化―の学習に対しもっとも熱心となり、みずから積極的に「漢化」したのであった。

二重的支配構造下にある「胡漢分治」は、漢人を牽制するというより、むしろそれぞれの社会実情に応じて違う支配策をとるとの考え方に基づくものであった。胡族政権は、周辺地域の非漢民族、あるいは漢人地域に入って来た非漢民族、いわゆる六夷を治下に入れたものが多い。六夷と漢人とは、経済様式およびそれによって規定された社会構造が異なるため、各胡族政権は、定住農業を営む人々（おもに漢人）に対し中国王朝の伝統的支配体制を敷いて支配し、部族社会の下に遊牧を営む人々（おもに六夷）に対し匈奴帝国の伝統的支配体制を以て支配したのであり、民族はかならずしも絶対的な区切りではなかった。単于が軍の指揮権を掌握する理由も、主力である騎兵が遊牧民の「六夷」をよりどころに作られたことにあったと思われる。

大単于の称号をもっていた複数の胡族支配者は、一旦皇帝と自称すれば、かならず大単于の称号を子弟に譲る。たとえば、三〇八年・三三〇年・三五二年・三八六年にそれぞれ皇帝に即位した前趙の劉淵、後秦の石勒、前秦の苻健《ふけん》*と後燕の慕容垂《ぼようすい》は、即位した時点で大単于の称号を後継者の息子に譲った。こうした大単于の「禅譲」から、実際に重要なメッセージが読み取られる。それは五胡十六国時代には、各胡族政権においては大単于がすでに胡族の伝統的支配者から中国王朝の皇帝の臣下に変身したことと、政治構造においては皇帝を中心とする中国の伝統的王朝体制が主であり、大単于をはじめとする胡族管理体制が補助的役割を果たすものにすぎなくなったことであった。

3・夷狄から華夏へ

左頁の表で示されたように、複数の胡族政権が、周辺の非漢民族に対して統御官を設けていた。名前が違い、官職の数量もまちまちで、地方官による兼任、現地民族首長の起用などの点においてそれぞれ相違するが、「校尉」と「中郎将」など軍の将校を以て異民族の統御に当てることは西漢以来の慣例であり、「平光校尉」「平呉校尉」「滅光校尉」を設けて反抗する民族集団に対して軍事鎮圧を行うこともあるが、ほとんどの胡族政権が周辺民族を「護る」という中華帝国の伝統思想を受け継いだことは、統御官の名称からもわかる。

他者の立場から「蠻」「夷」「戎」「胡」を守り、管理するというような思考様式は、胡族政権がみずから民族的に夷狄から脱皮しようとする意志を示した。*

*たとえば、石勒は「胡」という語をとくに忌み、胡族を「国人」と呼ばせた（『晋書』石勒載記下）。慕容廆の子である慕容翰は兄の慕容皝の迫害で自殺した直前、「逆胡が神州を跨拠し、中原は未だに安定せず」と言い残したのであった（『晋書』慕容儁載記）。前燕の初代皇帝慕容儁は夢でうなされたため、死胡が生き天子の邪魔をしていると言って死んだ後趙皇帝の石季龍の墓を壊した（『晋書』慕容儁載記）。いずれも自分が胡ではなく、ほかの政権が胡であるかのような主張であった。

▌各胡族政権の異民族統御官

官職	政権
「西戎校尉」	前秦
「西胡校尉」	西秦
「西蠻校尉」	前秦
「西夷校尉」	前秦・後秦
「南蠻校尉」	後趙・後燕
「東夷校尉」	前趙・前燕
「丁零中郎将」	前趙
「護氐校尉」	後趙
「護羌校尉」	前秦・後涼・北涼
「護南蠻校尉」	前燕・前秦
「護西夷校尉」	前秦・北涼
「護西羌校尉」	前秦
「護東羌校尉」	後秦
「護西胡校尉」	北涼
「護南氐校尉」	前趙
「護氐羌校尉」	前趙
「護烏丸校尉」	後趙
「護鮮卑中郎将」	前秦
「護赤沙中郎将」	前秦
「護羌中郎将」	前秦
「護匈奴中郎将」	前燕・前秦・後秦・後涼
「寧羌中郎将」	前趙
「平呉校尉」	前秦
「滅羌校尉」	前秦
「平羌校尉」	前趙・西秦

男子俑 五胡十六国 木製墨画 ❶高19.5cm ❷高21.3cm
このような木製俑は、トルファン市カラホージョ墓地の五胡十六国時代の墓から多数出土している。襟の合わせが漢民族の通例と異なっている。

中国において、文化制度と政治制度とは本来分けられず、正統な中華王朝を目指す胡族政権は、中華の文化、とくに儒学の勉強に多大な情熱を注いだ。劉淵は蜂起を興してから、一貫にして漢人士族を保護したため、多くの漢人住民の支持を得たという。劉曜《りゅうよう》*は、「太学を長楽宮の東に、小学を未央宮の西に立て、百姓から年が二五以下十三以上、教わるべき神志（能力と志）のある者を千五百人選び、朝賢・宿儒・明教・敦学に分け教え」（『晋書』劉曜載記）、儒学の普及に力を入れた。

後趙の石勒は、奴隷の出身で字を読めないが、中国の史書を他人に読んでもらい、とくに『漢書』*が好きだったという。彼は戦時中から漢人士族を保護し、流民と捕虜のなかから「其の衣冠人物を集めて君子営とし、張賓を幕僚の長に抜擢して」（『晋書』石勒載記上）、その特権的地位を認めた。中央に律学祭酒・教学祭酒・史学祭酒・門臣祭酒、各地方に博士祭酒などの学官職を設けて、みずから大学・小学に足を運んで学生に試問するほど、中華文化に対する強い熱意を示した（『晋書』石勒載記下）。

前秦の苻健《ふけん》は「修尚儒学」と言われ（『晋書』苻健載記）、政変を通じて帝位に即いた苻堅*も漢人士族を重用し、三七〇年に魏晋時代の士族の籍を回復した。彼は中華文化の普及に力を入れ、「一月に太学三度に臨み」、「広く学宮を修め、……公卿以下の子孫に授業を受けさせ、その有学者を通儒と名づけ」、氏族の武将に対する儒学教育まで実施した。苻堅はまた「明堂」を起こし、中華王朝の政治伝

劉曜　りゅうよう［?–328］前趙の建国者

『漢書』→p.81

苻堅　ふけん［338–385］前秦の第三代皇帝。世祖。

統と中華の文化伝統の正統な継承者として、漢人の理想的な「聖君賢相」の社会を作り出すことに努めた（『晋書』苻堅載記上）。後秦政権の二代目の皇帝姚興《ようこう》も各地に「学官」を設置し、有名な儒学者を招請して、講義にみずから出席するほど儒学を尊んだ。四〇一年から北涼政権の最高権力を掌握した沮渠蒙遜《しょきょもうそん》も、戦乱を逃れてきた漢人士族を保護し、それを官僚に登用した。

胡族の支配者が中華文化の普及に情熱を注いだ理由は二つあると考えられる。まず、政治的に必要であったことである。中国においては、政治制度と文化制度とは切り離せない関係にある。* 漢人地域を支配するためには、文化制度の側面から中華文化への取り組みが必要であった。漢人社会を管理するためには漢人士族が必要であった。

そして第二は、中華文化への憧憬である。劉淵・劉和《りゅうわ》・劉聡《りゅうそう》・劉曜も皆幼い頃から漢文の教育を受けていた。* つまり匈奴貴族の中華文化への転向は、昔から本心でやってきたことであり、当初から中国の天下を取るための行動であったとは言い難い。「非我族類、其心必異」（『晋書』江統伝）と言ったような考え方に代表されるように、民族の相違から、一部の漢人士族は、胡族が漢人地域に入ることに対して大きな反感をもつ。しかし、「心」とは思考様式と価値観である。中華文化、とくに儒学の勉強は、当然胡族君主の人生観・価値観に大きな影響を与えるはずであった。

＊たとえば、前趙政権は歴史を記録する史官も音楽を制定する楽府をも設立した。前燕は「朝廷礼儀の設計解釈も、大体魏晋に沿った」（『晋書』慕容儁載記）。

＊劉淵は、「上党の崔遊に師事し、『毛詩』・『京氏易』・『馬氏尚書』を習い、尤に『春秋左氏伝』・『孫呉兵法』が好きで、『史』・『書』・『諸子』で、読んでいないものはなし」（『晋書』劉元海載記）。劉淵の跡を継いだ劉和は、「習『毛詩』・『左氏春秋』・『鄭氏易』」。劉聡は、一四歳のときから、「経史に通じ、兼て百家の言を整理し、孫呉兵法など、読まないものなし」（『晋書』劉聡載記）。

4・中華とは、「民族」より「文化」を指す

中華とは本来、民族より、むしろ文化を指すものであった。正統な儒学からみれば、文化的に中華であれば、民族的にも華夏になる、ということになる。*各胡族政権の中華文化を積極的に吸収する政策は、事実上漢化政策であり、五胡十六国時代における胡族の漢化は、王族・皇族・社会の上層部からはじまるという特徴をもっていた。

胡族君主のなかでもっとも漢化を積極的・徹底的に進めたのは、北魏の孝文帝*拓跋宏《こう》であろう。すでに拓跋珪《けい》が三九八年において「朝野はみな髪を結束し帽子を被る」と命じた時点から、鮮卑族の漢化がはじまった。孝文帝の時代になってもなお多くの鮮卑貴族が漢化政策に強く抵抗したが、四九三年、孝文帝は鮮卑社会の漢化・封建化を促進させるために、断然たる態度で都を平城から中華文化の中心地帯である洛陽に移し、四九五年にまた「洛陽に遷住した民は、死ねば黄河以南に埋葬し、北へ帰ることは許さない」と命じ（『魏書』高祖紀）、「髪を解き編服左衽した」皇太子の処刑をはじめ、反対派を容赦なく鎮圧した（『南斉書』魏虜）。

鮮卑族は中原地域に入った時点でなお鮮卑語を使用していた。北魏王朝は初期において漢人官僚の鮮卑語使用を要求したが、統治下の漢人住民には強制的に鮮卑語の学習を命令しなかった。ところが、孝文帝は四九五年に「朝廷での北俗言語の使用を禁じ、違反する者は官職を免ずる」（『魏書』高祖紀）、「北語を断り、一

*南涼の禿髪傉檀本人は「経綸名教」で、その子弟及び王族もみな積極的に漢文化を吸収した。そのため、風俗慣習も服装も言語も次第に漢化した。

孝文帝［467–499］北魏の第六代皇帝。拓跋宏。姓を変え元宏ともいう。

「伝祚無窮」レンガ 北魏 直径15.5cm 山西省大同市出土 この4文字は北魏の統治者の、皇位が永く続くことへの願いをあらわしている。

楽舞文黄釉扁壺 北斉　高20cm　河南省安陽市范粋墓出土　河南博物院蔵　扁壺は砂漠をゆく隊商の水筒である。両面が躍動感あふれる胡騰舞（胡人の舞踏）のデザイン。人物はいずれも彫りの深い顔立ちで、当時の西域人であろう。西域に住む少数民族は歌や踊りを好む。特に「亀茲楽」（クチャ国の音楽）は一世を風靡した。

陶立俑　副葬品　北朝　高23cm　河北省景県出土　北方少数民族の服装である。武士の形だが、ふっくらとした頬や目鼻立ち、小さな体などは女性のようだ。これは鮮卑族の漢化以降の特徴である。

鳥紋銅牌　北魏　長5.5cm　内蒙古自治区吐黙特旗出土　北部の匈奴・烏桓・鮮卑の諸族が腰のベルトや馬具などに使用していた。

切は正音に従う」という命令を下し、鮮卑族自身の鮮卑語使用も厳禁した。彼はまた鮮卑服の遊牧民の服を、中原の文化伝統に合わないという理由から禁止し、中華文化の正統の継承者であれば服飾においても漢人と一致しなければならないと主張し、漢人服の着用を提唱した。そして、皇族の姓を「拓跋」から「元」に変えることをはじめ、鮮卑族の姓をすべて漢人の姓に変えるよう命じ、かつて遊牧民族では許されて来た同姓通婚の禁止を通じて胡漢通婚を促し、みずからも漢人の名門世家から妃をとり、皇室の娘を漢人に嫁がせ、血統においても鮮卑族の漢化を推進した。

5・遊牧民から農耕民へ

前述のように、非漢民族の漢化は、イコール中華文化の吸収であった。しかしいわゆる中華文化とは、定住農業を背景に成立したものであり、本来遊牧民だった胡族にとっては、漢化のもっとも根本的な条件がほかならぬ定住農業化であった。*

農業を遅い時期にはじめた胡族もいた。しかし中原に作られた各胡族政権はそろって農業促進策を打ち出した。その理由は、まず中原での国家建設のため、軍の食料を確保することにあったと思われる。胡族政権による農業促進は、まず現地の漢人からはじまった。

その後まもなく、支配民族自身の定住農業化もはじまった。*

定住農業への転向は、必然的に遊牧民族の伝統的部族社会を変容させた。部族

*劉宣の話を借りれば、「漢の亡国以来、魏と晋が相次ぎ興り、単于には虚号があるが、再び尺土の業を有しない。諸王侯さえ編戸と同じように下がった」となる(『晋書』劉元海載記)。また『晋書』陳元達載記によれば、匈奴出身の儒学者陳元達は前趙政権に出仕するまで、「常躬耕兼誦書」という生活を送っていたという。つまり内地に移住した匈奴は、前趙政権の樹立以前から、すでに遊牧から離れ、定住農業を始めたのであった。

*慕容廆は二九四年にその部族を率いて遼寧西部に移住し、「農桑法制を以てこれを教え、上国と同様にした」(『晋書』慕容廆載記)。後継者の慕容皝は「農は国の本」と言い、「地を千里開き、その部族を五万戸昌黎に移住させ、…牧牛を以てこれを貧家に与えて、農産業を従事させ、公は収入の八分を、二分を個人収入とした」(『晋書』慕容皝載記)

は基本的に家族共同体を基礎とする生活共同体であるが、政治共同体・軍事共同体の意味合いもあった。部族は、血が繋がっている同士の助け合いが強く求められている遊牧社会にとって必要だったが、地域を単位とする農業社会にはかならずしも適応できず、その上にまた農業社会を基礎とする中央集権的政治体制の対抗勢力の温床になりかねなかった。*

そのために各胡族政権は胡族の定住農業化とともに、社会構造の面においても血縁社会から地縁社会への移行を積極的に推進した。

部族を解散させて民衆を部族首領の支配下から引き離し、それに土地を与えて定住する地域と結び付けさせ、部族の衆から国家の民にしたのであった。

経済様式と社会構造の変化は、中央集権の強化と財源の確保ができただけではなく、胡族の生活慣習にも変化をもたらし、遊牧生活を土壌にするシャーマニズム*的信仰はしだいに放棄された。*

周知の通り、五胡十六国時代は中国における仏教の普及期でもあった。胡族支配の陰で、西域から多くの仏教僧侶が中国内地に入ることができた。

胡族政権が仏教を普及させる目的は、仏教を利用して戦乱が相次ぐなかで精神的安寧を求める人々をコントロールし、仏教の呪術性と神秘性を借りることで自己の権力支配を強化し、仏教の霊験譚を利用して、人々に胡族の皇帝を認めさせることにあるとも言われる。仏教も外来のものであり、胡族の指導者がそれを推し進める目的は、おそらく、外来の神—仏—に対する人々の信仰を利用して、胡

＊後燕の慕容宝は、定住農業化を推進してきた慕容垂の跡を継いで、「戸籍人口を校閲し、諸軍営をやめさせ、各郡県に分属させた」（『晋書』慕容宝載記）。

シャーマニズム　宗教の一形態。シャーマンが超自然的存在との直接的交流によって卜占・予言・病気治療、現状の変更などを行う。世界各地に分布。巫術。

＊中原に入る以前、鮮卑族は天地日月星辰山川など自然物を崇拝し、それらを祭る巫術を保っていた。孝文帝は494年に毎年行われていた「西郊において天を祀る」という儀式を廃止し、中華王朝の天・地を祭る儀式を採用し、漢人の天・地・神を自らの天・地・神として祭ることにした。

族君主による中原支配の正当性を暗示・主張することにもあったのだろう。

経済様式における遊牧経済から定住農業経済への転向、社会構造における部族社会から地域社会への変化、支配関係における部族の民から国家の民への変身を通じて、胡族が漢人と雑居するようになり、言語の消失・慣習の変化・中華文化の習得、とくに通婚を通じて、胡族はしだいに漢人社会に融合し、漢化されていくようになった。

6・胡族による中華政権のできばえ

五胡十六国時代において胡族が中原地域で政権を樹立することは、歴史上において「五胡乱華」と称されたが、しかしこれを野蛮民族が中華の正常な秩序を乱したと見るのはじつは正しくない。胡族政権はどれも中国全体を統一できなかったが、それぞれ中国の正統王朝と自認し、あるいはそれを目指していた。胡族政権のもとに、徳に基づき天下統一を図るという極めて中華的な主張も展開された。*

中華王朝を建設するという目標から、中国の政治制度を取り入れたという政治的要素が強かったが、しかし中国の政治制度と文化制度とは切り離せない関係にあるため、中華文化の要素を新しい政権の政治制度として取り入れた。また、中華文化は本来農耕文明を基礎とする文化であるため、経済様式も転換させられ、それに対応して、社会組織も変化したのである。結局中原地域を支配することを通じて、胡族社会自身も大きな変容を遂げた。それは政治制度（官制・法律を含

*「至道を重んじて薄俗を戒め、文徳を治めて遠人を懐けん。然るに九州を統一し、天下を一同に教化する」（『晋書』苻堅載記上）

雲崗石窟　北魏の時代に作られた第二十窟。［山西省］仏教の大弾圧の後、文成帝によって仏教復興の大事業が行われ、北涼の高僧だった曇曜を中心に造営された。全長約1km、主要な洞窟は45、石仏5万体以上が残る。

石塔　十六国・北涼　残高46cm　甘粛省酒泉市出土　北涼は５つの涼国のなかで最も遅くまで独立を保った国である。創始者である匈奴族の沮渠蒙遜（しょきょもうそん）は漢族の人材を登用し、仏教を信仰した。北魏に攻略されると多くの職人は首都平城に移り、仏寺を建立し仏像をつくった。

普泰二年銘銅弥勒像　北魏　高23cm　山東省博興県出土　博興県図書館蔵　南北朝時代は宗教の伝播によって、宗教芸術が繁栄した。銘文は「普泰二年四月八日、……仏弟子孔雀為亡妻馬□造弥勒像一軀…」と刻まれている。

む）の中華王朝化、文化制度の儒学化、経済様式の定住農業化と社会組織の地縁化であった。この時代以降、かつて中華帝国の強敵だった匈奴、そして氐と羯が、ひとつの民族集団として中国の歴史にふたたび登場することはなくなり、羌が小さい民族となり、鮮卑も隋唐時代になると消滅した。当初の「胡漢分治」を経て、多くの非漢民族集団は、この時代を通じて最終的に漢化されたのであった。異民族の漢化は、結局中華文化の卓越性を証明した形で実現され、中華文化のもとにある多民族共存の趨勢を示した。

異民族に対して民族的偏見をもち、胡族の侵略に抵抗し、「中原回復、尊王攘夷」の民族精神を訴える漢人もいた。これに対し胡族の君主は、「大禹が西戎の出で、周文王が東夷に生まれ、（政治権力は）徳のある者にしか授与しない」（『晋書』劉元海載記）、「華夷の異を以て懐で意に介すのはいかなる者や。かつ大禹が西羌の出で、文王が東夷に生まれ、いかなる志しをもつことだけである」（『晋書』慕容廆載記）と反論した。中華の正統王朝理論を以て漢人の民族差別意識を批判し、中華文化を身につけた非漢民族による中国支配の正当性を強調することは、後世の非漢民族支配者の中国支配に大きな影響を残した。

唐代の房玄齢《ぼうげんれい》が編集し、五胡政権についてもっとも詳しく記載した『晋書』*は、中原における胡族政権の樹立に対して、「北狄は中壌を窃み僭号する」「僭立」「偽位」という表現を使うが、実際具体的な記述において随所に褒美している。たとえば前秦の苻堅の治世について、「人々は勧め励まし、士が多いといわれ、

騎馬武士陶俑　副葬品　高38cm
北魏　陝西省西安市出土　鮮卑族拓跋部が立てた北魏は、孝文帝の改革によって漢化するまでは、独自の風俗をもっていた。

『晋書』　130巻。644年頃成立。唐の太宗の詔による。西晋4代54年、東晋11代102年間のことを記した正史。

盗賊がとどまり休み、権力者に私事を請託する者が途絶え、田地が開拓され、幣藏が充盈し、典章法物は備えていないものなし」（『晋書』苻堅載記上）と絶賛し、中華王朝による「徳治」という側面から賛美することも惜しまなかった。「廃職を修め、絶世を継ぎ、神祇を尊び、農桑を勧め、学校を立て、独身者・未亡人・高齢者・自立できない者にそれぞれ食物と生地を賜り、地方役所に特殊の才能をもつ人・孝行友愛忠義を行う人・徳の業で称賛される人を報告するように命じた」（『晋書』苻堅載記上）。

事実上、この時代において、陳元達・慕容翰・苻融・苻朗など、胡族出身の儒学者が輩出し、そして多くの漢人も胡族政権に仕えていた。

胡族政権が漢人によって正当な中華王朝と見なされた理由は、漢人支配者よりも、胡族支配者の下に中華秩序——礼——がきちんと守られたことにあった。*

天の徳を以て政治を行い、天の徳を実現する者が、「不徳」の支配者に代わって天下を支配することが天命である、という王朝交代における革命の思想は、疑いなく中国北方の漢人知識人に大きな影響を与えた。たとえば、「宿徳碩儒」*とも言われる儒学者の常煒《じょうい》*は、前燕政権の樹立を「革命創制」（『晋書』慕容儁載記）と考え、張賓《ちょうひん》*は「明公が符命に答え、天命を受けた」と後趙石勒の即位を見ていた（『晋書』石勒載記上）。彼らにとって、新興政権に出仕することは、異民族に身を託したことではなく、暗君と決別し「明君」に理想的中華秩序を実現する望みを託したことにすぎなかった。

＊楊恒は西秦の禿髪利鹿骨を「明主」と呼び（『晋書』禿髪利鹿骨載記）、王寔は前秦の苻堅を「道徳が虞夏より高く、…教化が盛周より高く、功績が千年も伝えられ、漢の武帝・光武帝も比べものにならず」と賛美している（『晋書』苻堅載記上）。

宿徳碩儒　徳を有する高齢の大儒学者

常煒　じょうい　五胡十六国時代の儒学者。冉魏の大司馬郎中、後に前燕の廷監尉。

張賓　ちょうひん［?–323］石勒が趙王になったとき、濮陽侯に封ぜられた。

徳があるかいなか、中華の秩序が守れたかいなかといったような政治的、社会的、文化的基準で支配者の正当性を判断することは、本来天下思想の核心であった。異民族による政権が多く樹立された五胡十六国時代を経て、支配者の正当性を民族的に捉えないことがいっそう鮮明化した。言うまでもなく、これは中国における多民族統一国家思想の形成上において、非常に重要な意味をもつものであった。

第五章　多重的帝国と多元的帝国

——唐・遼・元

中国の多民族統一国家思想の系譜を検討するに際して、唐*・遼*・元*は疑いなく重要な位置を占める。唐は中国空前の大統一を実現した上に、それを長期的に維持し、また周辺の非漢民族に対してもいろいろ関係してきた。時間と空間との二つの意味で、唐は、漢以後の最初の漢人による「大一統」の中華国家として、中華文化・政治の伝統を受け継いでそれを大成した。遼は中国以外の地域において出発し、中国を征服してから中華の王朝に変身し、中国の征服王朝の歴史をはじめた中華王朝であった。元は、遼と同じ征服王朝でありながら、はじめて中国全土を占領した非漢人政権として、中国の版図を空前の規模に拡大した。

大一統を達成した唐が非漢民族に対していかなる政策をとったか、はじめての征服王朝である遼が漢人・漢地においていかなる政策をとったか、そしてはじめて中国全体を支配下に収めることに成功した元が、中国・中国人に対しいかなる政策をとったか。この章では、中国歴史上において伝統を受け継ぎ、未来に道を開いた唐・遼・元のほか民族に対する政策に関する検討を通じて、それぞれが民族と国家思想に対する影響、およびそれが中国の多民族統一国家思想の形成上における位置づけを考える。

1・漢人の唐王朝成立

六一七年、隋*の太原留守《りゅうしゅ》李淵《りえん》*は兵を起こして長安に入り、翌年に隋恭帝に禅譲を迫って唐王朝を樹立した。唐は国内統一を図っていくなかで、北方の遊牧民

唐（618–907）李淵が建国。都は長安。統一王朝は南北の文化の融合をもたらし、領域の拡大とともに国際的な文化を発展させた。二〇代哀帝のとき朱全忠に滅ぼされた。

遼（916–1125）契丹族が建てた国。都は上京臨府。金に滅ぼされたが、一族の耶律大石は中央アジアに逃れて西遼を建てた。↓p.135

元（1271–1368）蒙古第五代世祖クビライが建国。首都は大都（北京）。南宋を滅ぼし安南・ビルマなどを服属させて大帝国を築いた。明祖朱元璋に滅ぼされた。↓p.146

隋（581–619）始祖文帝（楊堅）が禅譲を受け建国。都は大興（長安）。その諸制度は唐制の基礎となった。

李淵　りえん［565–635］高祖。唐の初代皇帝。留守（非常時に皇帝から文武の大権を委任された官職）を命ぜられていたが、煬帝の失政に乗じて挙兵した。

族である突厥《とっくつ》とたびたび衝突した。かつて柔然《じゅうぜん》*の支配下にあった突厥は、六世紀に入ってから勃興し、五五五年に柔然を滅ぼしてモンゴリアを支配し、中央アジア一帯にまでその領域を広げた。五八三年に内紛から突厥が東西に分裂したが、とくに東突厥は依然強い力を持っていた。隋末期から中国北部に割拠していた諸政権は、東突厥の支持を得るためにそれぞれみずから臣と称した。唐も晋陽から興った際には突厥に対し臣を称し、李世民《りせいみん》*（後の太宗）は突利（後の頡利可汗の甥）と、突厥の方式で義兄弟の契りさえ結んだ。しかしその後東突厥はさまざまな反唐勢力と手を組み、六二六（武徳九）年に長安の近郊まで迫った。

中国に興った政権は、大体最初から北方民族との関係で悩ませられた。新興の唐王朝もまた北方からその辺境経営をはじめた。六三〇（貞観四）年、唐は突厥の内乱と飢饉を機に出兵し、一気に東突厥の首領頡利可汗を捕まえた。東突厥の崩壊によって、その傘下にいた多くの西北遊牧部族が唐の勢力下に入った。諸部族の首長は、唐の太宗に対し、可汗*の上に立つ君主の意の〈天可汗〉の尊称をたてまつって権威を認めた。これによって、唐の天子は中国の皇帝であると同時に異民族の首長でもあることが自他ともに認められたのである。

唐の四夷に対する統制は、ここからはじまった。唐は吐谷渾《とよくこん》を破り、西域の諸地域を帰順させ、六五七年に西突厥をも滅ぼした。東北においては、新羅《しらぎ》が六五〇年には唐の年号を使用しはじめ、唐高宗*は六六〇年（顕慶五）に百済《くだら》を攻め、これを滅ぼした。孤立した高句麗《こうくり》も六六八年には唐に降った。ここにいたり唐は

柔然 4–6世紀、モンゴル高原に栄えたモンゴル系遊牧民族国家。5世紀前半が最盛期。

李世民 りせいみん［597–649］太宗。唐の第二代皇帝。

可汗 遊牧民族の首長の称号。モンゴル帝国では、四汗国の君主の称。カガン。汗《ハーン》。

高宗 ［628–683］唐の第三代皇帝。李治。

東は朝鮮半島から西は中央アジアに、北はシベリアの南辺から南はインドシナ半島に及ぶ広大な地域を統治することになった。唐代なかばまで、唐天子の「天可汗」の地位は維持された。

2・唐の異民族政策「羈縻」と「和親」

その支配下に入った周辺の異民族に対し、唐は基本的にその地で羈縻《きび》府州を設置することを通じて支配する政策をとった。六三〇年、唐太宗は東突厥を東西両部に分け、現在の山西・陝西・寧夏の北部に四つの州を新設して突利可汗の部族を配置し、そして頡利可汗の支配地を二都督府・六つの州に分け、部族を左右二部に分けて、左を定襄都督府に、右を雲中都督府に配置した（『新唐書』巻一九四）。これは太宗期における羈縻府州設置のはじまりである。七二五（開元一三）年に黒水府の設置を最後に、唐は全部で八五六以上の羈縻府州を中国の周辺に設置した。

羈縻政策を以て中国周辺の非漢民族との関係を処理することは、秦漢時代以来の中華王朝の伝統であった。羈は馬の手綱、縻は牛の鼻綱の意味であるが、周辺の非漢民族に対する「羈縻」とは、牛馬などを綱でつなぎとめるように、夷狄を中国の脅威にならないようつかず離れずの関係を巧みに維持することである。羈縻政策において、周辺の非漢民族社会を中華王朝の直接支配下に入れない点は、とくに注目すべきであろう。

秦の属邦の場合、漢の属国の場合、それから三国時代に諸葛孔明《しょかつこうめい》*が征服した

亀茲古鎮遺跡　唐朝は西域に安西都護府を設置、亀茲・疏勒・于闐・砕葉の4鎮を置いた。経典を求めて旅する僧はここにあった寺を訪れただろう。

諸葛孔明　しょかつこうめい［181–234］三国時代、蜀の忠臣。諸葛亮。

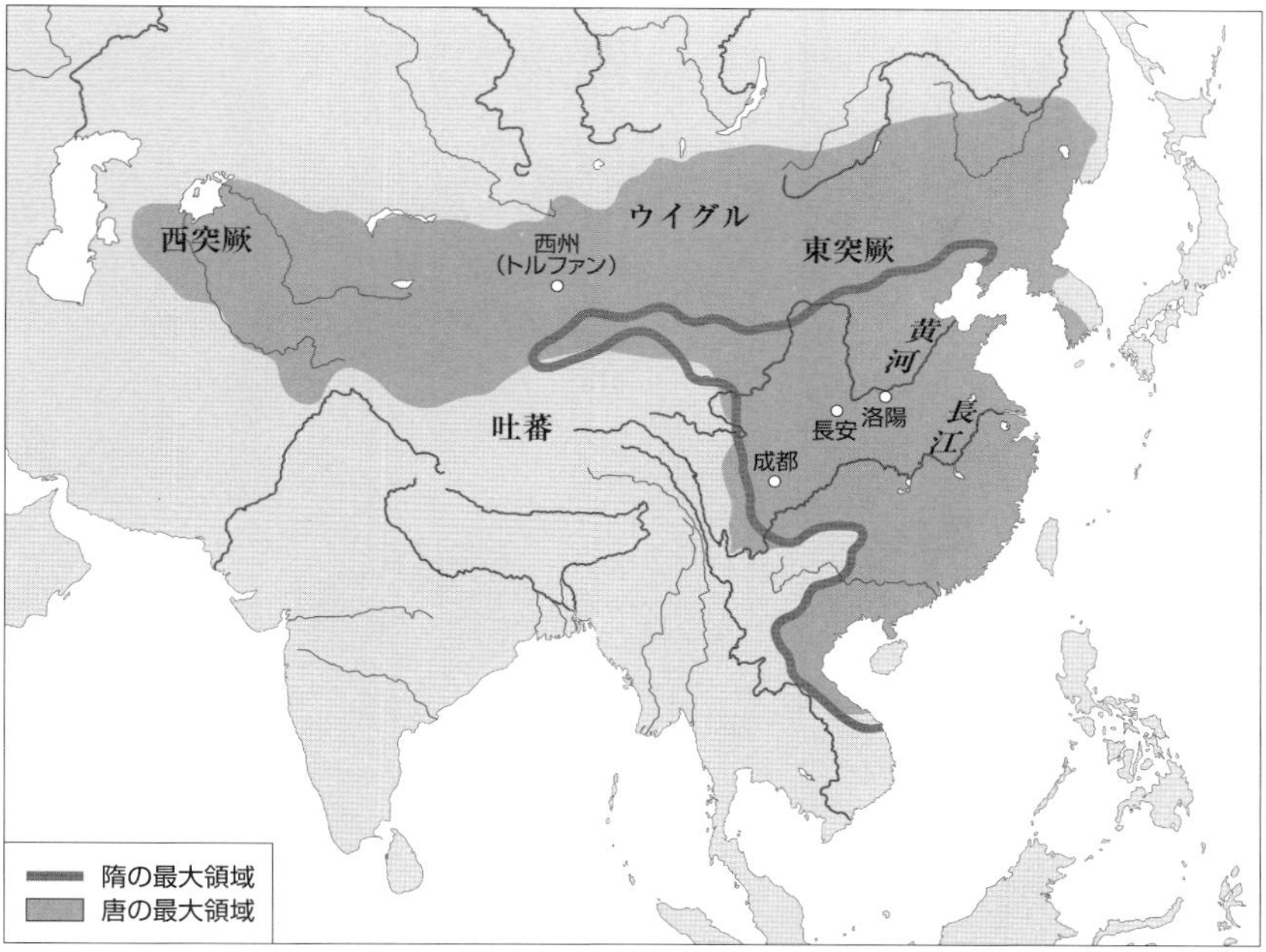

礼賓図　章懐太子墓墓道東壁［陝西省乾県］ 左側3人は鴻臚寺の役人、右側3人は服装や顔立ちから、高麗、東ローマ帝国、東北の少数民族の使者と思われる。章懐太子(李賢)は唐高宗と則天武后の次男。

叟人*社会に対し蜀を宗主国として認めるとの前提で内政不干渉を貫いた場合は、羈縻政策の成功した例である。唐代における羈縻府州制度は、多くの面において、秦・漢・蜀の伝統を受け継いでいる。羈縻府州制度の性格は次のように整理することができる。

第一、帰順を表明した中国周辺の非漢民族に対し、その地において部族の規模に応じて都督府か羈縻州県を設置する。突厥のように唐に対して大きな脅威を与えていた民族は、二つの府に分割することもあるが、ほとんどの民族はそのまま府州に移行させせられた。

第二、都督府の都督・羈縻州県の刺史は、いずれも民族の首長を以て充てられる。それと同時に、唐はときにはハーンなど民族社会の首長に対しても冊封し、そして「諸蕃の酋帥に死者がでれば、かならず詔を下してその後嗣を冊封《さくほう》*する」(『唐会要』巻三六、安北都護府)といったように、その世襲も認めた。つまり唐は羈縻府州内部における民族社会に直接関与せず、その伝統的社会体制の存続、そして首長の伝統的支配権をも認めている。

第三、羈縻府州は、唐王朝に対し臣礼の遵守、定期的朝貢《ちょうこう》*、「遣子入侍」(首長の子を皇宮の宿直にする。実質上の人質)等を行う義務を負う。そのかわりに、外敵の侵略を受けた際に唐の庇護を受ける権利もある。

第四、羈縻府州は住民の戸籍を中央政府に報告しない。つまり中央政府に対して納税する義務を負わない。唐の要請があれば出兵する義務がある。つまり羈縻

叟人　中国西南地域の古代民族集団。白族や彝族の先人という説もある。

冊封　冊をもって爵位を授けること。また、その書状。

朝貢　外国の使いが来て貢物をさし出すこと

府州は自分の軍隊を保有する権利を有している。

第五、羈縻府州は中国内地と通商貿易および辺境貿易（通関市）をする権利を有する。事実上、朝貢も一種の貿易であり、唐は朝貢品に対し、それをはるかに超える下賜品を与えている。一方で、周辺民族を管理する最高機関に要求された朝廷への上納品もごくわずかであり、しかも「官物充貢、不得徴科」（『通典』巻六）とし、民族社会への搾取は許さなかった。

第六、漢が「属国」に武官の尉を置いて監視役を務めさせたのに対し、唐は文官の「長史・司馬」（刺史の副官）を置いて監視役を務めさせた。疑いなく、漢に比べ、唐はより寛容的であった。しかし異民族との関係における中華帝国の寛容さは、むしろ異民族との距離を計る基準であった。*

「属邦」・「属国」に比べ、「羈縻府州」は、周辺の異民族が中国皇帝の臣民であることの意味をより明白化したように見えるが、親近感を与える方法にすぎないという可能性も否定できない。* 唐は実際に多くの帰順者に皇族の李姓を与えた。より重要なのは、実質的に、冊封・間接支配・朝貢などの面において、唐代の羈縻府州制度は秦漢以来の伝統と変らないことである。

唐は、「四夷降服、海内乂安」（『資治通鑑』巻一〇）をもっとも理想的な天下秩序だと考えている。羈縻府州制度もそのための手段にすぎなかった。かつて一部の大臣は夷狄を強権で支配するべき（『新唐書』突厥伝）とすら考え、夷狄を以て夷狄を攻撃させ、たがいに消滅させ合う政策を、唐太宗に勧めていた。唐太宗は

*唐は羈縻府州に対し徴税をしないが、羈縻府州を脱して中国内地に移住してきた非漢民族の人々に対して、漢人に対する徴税額の半分まで徴税するようになる（『冊府元亀』四八七巻）。

*648年に契丹人首領の窟哥が帰順したため、唐は松漠都督府を設置し、彼を左衛将軍兼松漠都督に任命し、無極県男という爵位を与え、また皇族の李という姓を下賜した。

このような利己的政策を否定し、彼は突厥の突利可汗に対し、「中国の法をよく守り、たがいに略奪しないのは、いたずらに中国の長期的安全だけではなく、爾輩部族の永い安全のためでもある」（『資治通鑑』巻一九三）と述べた。つまり彼が選んだ羈縻府州制度という政策は、中国と夷狄が「両安する」方法であった。

　しかし異民族にとっては、羈縻府州制度も結局夷狄を以て夷狄を治す、夷狄を以て夷狄を制すことであり、中国本位の「夷狄の帰順」であった。たとえ羈縻府州制度が実施されたとしても、その異民族を、唐は「中国」であると考えなかった。羈縻府州制度の下での中国周辺の非漢民族に対する統制は、結局「稍稍内属」という一言で言い尽くせるものであった。つまり羈縻府州に対して唐はあくまで宗主国にすぎず、唐も決して羈縻府州を中国内地と同一視していないのである。

　羈縻府州体制はしだいに都護府・都督府・羈縻州（小さい部族は羈縻県）の三層体制に整理され、異民族の首長による都督府・羈縻州県の上に、唐の官僚による羈縻府州地域に設けられた唐の出先機関である都護府が設けられた。唐は前後して単于（砂漠南部）・北庭（天山北路）・安西（天山南路）・安南（ベトナム）・安北（以前は燕然、管理地域は砂漠北部）・安東（遼東）の六都護府を設けた。長官都護の官位は従二品か正三品となり、皇族の王が兼任することもしばしばあったという。

　各都護府には一定の兵力が配備され、諸羈縻府州を精神上において安定させ、離反心のある民族を探知して征討し、外部からの侵略を防ぐことがその任務であ

大慈恩寺と大雁塔 ［陝西省西安］
大慈恩寺は、唐の高宗が648年に母のために建立した。国禁を犯してインドへ旅立ち17年後に帰国した玄奘［602–664］はここでサンスクリット語（梵語）の経文を漢訳し、大雁塔は持ち帰った経典などを収蔵するために建てられた。玄奘の紀行『大唐西域記』は当時の中央アジアのようすを詳細に伝えている。

舞楽屏風　唐代　絹本着色　46×22cm　トルファンアスターナ墓出土　新疆ウイグル自治区博物館蔵　髻を高く結い上げ、頬紅を塗り、短めのベストに長く赤いスカート。長方形の区画6扇に描かれていたうちの１人で大変保存状態が良い。唐初期の逸品である。

幡に描かれた回紇貴人像　唐代　着色　144.5×35.6cm　新疆トルファン出土　ドイツ国立美術館蔵　山形の冠をかぶり、典型的な回紇の服装である。両側に童子、両手に花を持つ。トルファン出土の幡（のぼり）には供養人像が多く描かれる。幡は荘厳具の一種で、仏殿の柱や天蓋にかけたり、法要のとき行列を先導する棒の先につけるもの。

った。*

羈縻府州は唐太宗の発明ではなく、隋代においても実施され（『新唐書』地理志）、唐高祖も南方の異民族地域において羈縻州を開設し、その酋長を「牧宰」とし（『冊府元亀』巻六九二）、そして、唐太宗の時代になって、羈縻府州は制度化され、周辺の異民族地域において全面的に実施されはじめたのであった。羈縻府州制度の下、中国王朝に帰順を表明した周辺地域の非漢民族はより大きい自治権を確保できた。

羈縻府州制度を中核とする隋唐の非漢民族に対する政策は、隋唐の支配者の異民族認識に関係するだろう。「五胡十六国」時代から、周辺の異民族より漢人の文化が進んでいるため、漢人による民族融合はどんどん進み、匈奴《きょうど》・鮮卑《せんぴ》・羯《かつ》および氐《てい》など多くの周辺異民族はしだいに「漢化」した。隋唐の皇室自身も民族融合の産物であった。隋文帝*の皇后独孤《どくこ》氏、唐高祖の母親独孤《どくこ》氏、皇后竇《とう》氏、唐太宗の皇后長孫《ちょうそん》氏らはみな鮮卑人であり、唐太宗の数人の姉妹と娘は漢化した鮮卑人の嫁になり、それゆえ隋唐の支配者の異民族に対する偏見は、ほかの時代の中国王朝支配者より薄いという説もある。

かつて唐太宗は「夷狄もまた人間であり、其の情は中夏と相違なし。人主の徳を受けないことを患し、異類を猜疑する必要なし。要に徳を平等に加えれば、四夷を一家に、疑心暗鬼が多く、血の繋がる肉親も敵になる」（『資治通鑑』巻一九七）とも述べ、その晩年に、自分が四夷を帰順させることができた理由について、ま

＊『旧唐書』職官志によれば、都護の責任は、「諸蕃を撫で慰め、外寇を無くして安定を保つ、奸譎を窺い、離反心のある民族を征討す」となっている。

文帝［541–604］隋の初代皇帝。楊堅。

三彩駱駝載楽俑　唐代　駱駝の高48.5cm　陝西歴史博物館蔵　西安郊外の唐墓の副葬品。唐三彩の代表作である。駱駝の背にじゅうたんが敷かれ、琵琶や笛などを演奏する男たちと、中央には歌う女性が立っている。長安を東端とするシルクロードは、駱駝や馬のキャラバンでにぎわった。

騎馬男子　唐代　高約30cm　陝西省乾県永泰公主墓　唐代前半期には、犬・豹・鷹などをつれて狩猟に出かけることが盛んに行われた。

た大臣らに次のように述べたという。「古代以来皆中華を貴び、夷狄を差別するが、朕は逆に同じように愛する」(『資治通鑑』巻一九八)。

しかし唐の羈縻府州になることは、かならずしもあらゆる周辺の非漢民族が選択することではなかった。たとえば、当時吐蕃と呼ばれたチベットは唐の羈縻府州にならなかった。事実上、強い勢力を保つ非漢民族は、ほとんどみずから唐の羈縻府州になる道を選ばなかった。かわりに、彼らは唐との和親を求めていた。六四〇(貞観十四)年、唐は弘化公主を吐谷渾に嫁したのをはじめ、文成公主・金城公主を吐蕃へ、寧国・崇徽・咸安・太和の諸公主を回紇《かいこつ》に、また奚・契丹・突騎施などとも和親をしたが、唐代において唐との和親が許された周辺民族は、実際にはそれほど多くなかった。

注目すべきは、このなかに唐の冊封を受け、または唐の羈縻府州になっている非漢民族もあったことである。冊封が君臣関係であり、唐の冊封を受けたものは、唐の命令を受ける立場にあるのに比べ、和親は「婿舅関係」であり、上下尊卑があるが、君臣関係ではない。唐と和親ができれば、まず自身が独立した民族であることが証明される。たとえば、松賛干布《ソンツェンガンポ》*が文成公主との婚姻が成立してから、唐天子に対し「子婿」と自称するが、唐と吐蕃との間に七三〇(開元一八)年に碑を建てて国境を分けることにした。

唐が羈縻府州になっている非漢民族との間にも和親を行うことは、別の側面からいえば、唐が羈縻府州になった非漢民族社会が中国から独立している政治共同

閻立本「歩輦図」 唐代 絹本着色 38.5×129cm 北京故宮博物院蔵 ソンツェンガンポとの婚姻のため文成公主を迎えに来た吐蕃の使者に唐太宗が接見するようすを描いたもの。文成公主は漢民族の文化を吐蕃にもたらし、ソンツェンガンポの死後もとどまって吐蕃の人々に愛されたという。→p.70

松賛干布 [614–650] ソンツェンガンポ。吐蕃の王。チベット高原の諸族を初めて統一した。

体と考えていないことの証明であろう。しかし唐にとって、和親はある意味での平等を認めるものであり、安易に認められることではなかった。*

かつて唐太宗は、北方諸民族の侵略を無くす方策は結局二つしかないとした。ひとつは百年無事を保つ策で、それは北方民族に壊滅的打撃を与えることであり、もうひとつの三十年安静を保つ策は和親を通じて羈縻することであると考えていた。つまり、和親は唐の支配者の政治的目的から出発した政治的行為であり、強い相手を牽制するために異民族に対して行われる最後の「羈縻」の手段であった。吐蕃との和親（六四一年）および吐蕃を牽制するために吐谷渾との和親は、その例になろう。

開国の皇帝唐高祖は、遠い異民族の社会は法律と政治が華夏と異なる。異民族を敬服・来朝させるべきだが、直接臣属を求めず、羈縻するべきであると強調した。唐は、基本的にこの高祖の思想に沿って、異民族に対する直接支配を求めず、羈縻政策を貫いたのであった。

3・唐崩壊、遼帝国の成立

十世紀初頭、唐王朝が崩壊し、中国は五代十国という南北分裂の時代に入った。それと同時に、万里の長城以北に遊牧民の契丹《きったん》人による帝国——遼《りょう》（九三七―一一二五年）が形成され、中国を侵略しはじめた。

契丹とは、「鉄」あるいは「刀剣」の意味であり、その民族的起源は東胡の出

＊たとえば、725年、和親の要求がたびたび唐に拒否された後突厥の黙啜可汗は、「吐蕃は犬種の後裔なのに、唐はそれと婚姻関係を結んだ。奚と契丹はかつて突厥の統治下にいたのに、これもまた唐の公主をもらった。なぜ突厥だけが前後数回和親を要求したにもかかわらず、許しをもらえなかったのか。…度々拒否され、諸蕃に対して実に恥を感じる」（『旧唐書』一九四巻、突厥上）と強く反発したのであった。

で鮮卑族の一部であり、民族として成長して行くなかで回紇・奚・室韋などの民族の一部も吸収したと見られている。遼代以前、契丹は八つの部族（八部）によって構成する部族社会であった。異民族の侵略に抵抗するために七世紀初頭に部族連盟を結成し、民族の首領可汗（カガン）は、三年に一回の部族の首長（大人）会議で選ばれていた。大賀氏時代（六二三－七三〇年）と遥輦氏時代（七三〇－九〇七年）に、契丹が唐王朝に帰順したことがあり、唐は羈縻府州政策を以て、契丹の地に松漠都督府を設立し、契丹可汗に李という皇族の姓を与えて都督に、八部の大人《たいじん》をそれぞれ各羈縻州の刺史に任命していた。

九世紀なかば以降、契丹の社会経済は発展した。とくに迭剌部《ていらつ》は早くから農業をはじめ、城を作り、定住農業への移行をはじめた。九〇七年、迭剌部の耶律阿《やりつあ》保機《ぼき》*は可汗になり、さらに九一六年に皇帝と称して神冊という元号を採用し、契丹帝国を創設した。彼は皇太子を定めることで伝統的首長選出の制度を廃止し、また九二一年に官吏の等級を規定して事実上契丹社会の部族制度を廃棄した。

契丹帝国の治下には多くの漢人がいた。当初契丹の支配領域は長城以北に限られ、契丹にいた漢人も基本的に戦争の捕虜などであった。耶律阿保機は漢人を使って農業開発を行い、都市を建設し、契丹社会の経済発展を図った。漢人に関する事務を処理するため、政府のなかに漢児司が設けられた。耶律阿保機の継承者太宗耶律徳光《やりつとくこう》*の時代に、契丹帝国ははじめて漢人地域を支配するようになった。九三六年に契丹は石敬塘を助けてそれを後晋の皇帝にしたため、石敬塘《せきけいとう》から北方

耶律阿保機　やりつあぼき［872–926］遼（契丹）の建国者。太祖。

耶律徳光　やりつとくこう［902–947］遼の第二代皇帝。太宗。

十六州、いわゆる燕雲地区の割譲を受けた。燕雲地域は漢人地域であり、そこに約二〇〇万の漢人が住んでいるため、太宗（九二七―九四七年在位）は漢人の儒学者を起用し、燕雲地域において「唐制を用い、改めて南面の三省、六部、台、院、寺、監、諸衛の官を設置した」（『遼史』百官志）。

契丹の官制は、以前から南北枢密院に別れていた。太祖時代に官僚はみな南北に別れたが、その管轄範囲は一律に北面の非漢地域であった。燕雲地域を接収する以前は、北枢密院は兵隊・武器・軍馬など軍事に関する軍政、南枢密院は官僚選抜・文教・部族・戸籍・税収などに関する民政をそれぞれ所管した。しかし、燕雲地域を接収してから、既存の契丹およびそのほかの非漢民族を対象とする官僚システムは北面朝官とされ、それとは別に、漢人を支配対象とする南面官制システムが作られた。

注目すべきは、胡人であっても、南面官になれば、漢服を着ることである。これは一面では南北官制は太宗がおもに「俗に応じて治め、その宜を得る」（『遼史』百官志）との方針のもとに作られたことを物語る。

4・「四時捺鉢」を中核とする遼の二元政治

遼の「国制（契丹の制度）を以て契丹を統治し、漢制を以て漢人を統治する」（『遼史』百官志）という政策の性格について、以前から「二つの国家説」と「二元政治説」があった。「二つの国家」とは、「契丹帝国は事実上二つの国家を含む。

壁画に描かれた元代の人々　左・中：安西楡林窟　右：敦煌332窟

壁画に描かれた西夏の人々　左：敦煌418窟　中・右：安西楡林窟

ひとつは契丹式の混合国家であり、契丹人をはじめ、奚・漢・渤海各民族を混合してなり、契丹人の大可汗はみずから支配する。そしてもうひとつは漢人式の国家である。燕雲の十六州によって構成し、契丹大可汗は直接統治せず、漢の事務に詳しい宰相に委託してかわりに治理するだけ」というような説であり、「二元政治とは、すなわち四時捺鉢と五京が併存する制度である」という。

「捺鉢《ナバ》」とは「行在」「行営」であり、遼の皇帝は「四時巡守」(「四時捺鉢」)、春夏秋冬の四季に従ってその所在を移動することである。遼は漢制に倣って都を建設し、はじめは上京(林東県)・中京(寧城県)・南京(遼陽)の三京であったが、太宗は幽州(北京)を南京にして漢地統治の中心としたほかに、大同を西京に、以前の南京(遼陽)を東京にしたため、五京になった(『遼史』地理志)。しかし遼の皇帝は、宮殿が建てられた五つの京を常時の首都としてあまり利用しなかった。『遼史』営衛志によれば、皇帝の「四時巡守」(巡守は巡狩)には、契丹族の内外大臣および一部の漢人官僚が同行した。五月と十月にそれぞれ一回の国事会議の後、漢人官僚が中京に戻り、「行遣漢人一切公事」、漢人に関する行政事務をみずから処理することになっている。つまり漢人以外契丹を含む諸民族は遼の皇帝が直接支配し、漢人に関する事務は遼の皇帝が漢人の大臣に委任するという一国二制であった。

首都と捺鉢が並存することは、たしかに政治構造の二元性を示すものであった。とくに夏捺鉢と冬捺鉢で「北南臣僚と国事を議論し」、冬捺鉢で「兼ねて南宋お

御者　遼代　内蒙古自治区哲里木盟陳国公主駙馬合葬墓　御者の高さはともに137cm

陳国公主駙馬合葬墓　遼代　内蒙古自治区哲里木盟　公主は金の冠、銀の靴、全身は銀糸の網でくるまれている。同時に金銀銅の馬具など290点余りが出土したが、その中の玉やガラス製品の存在は、中央アジア、西アジアと交流があったことを示す。

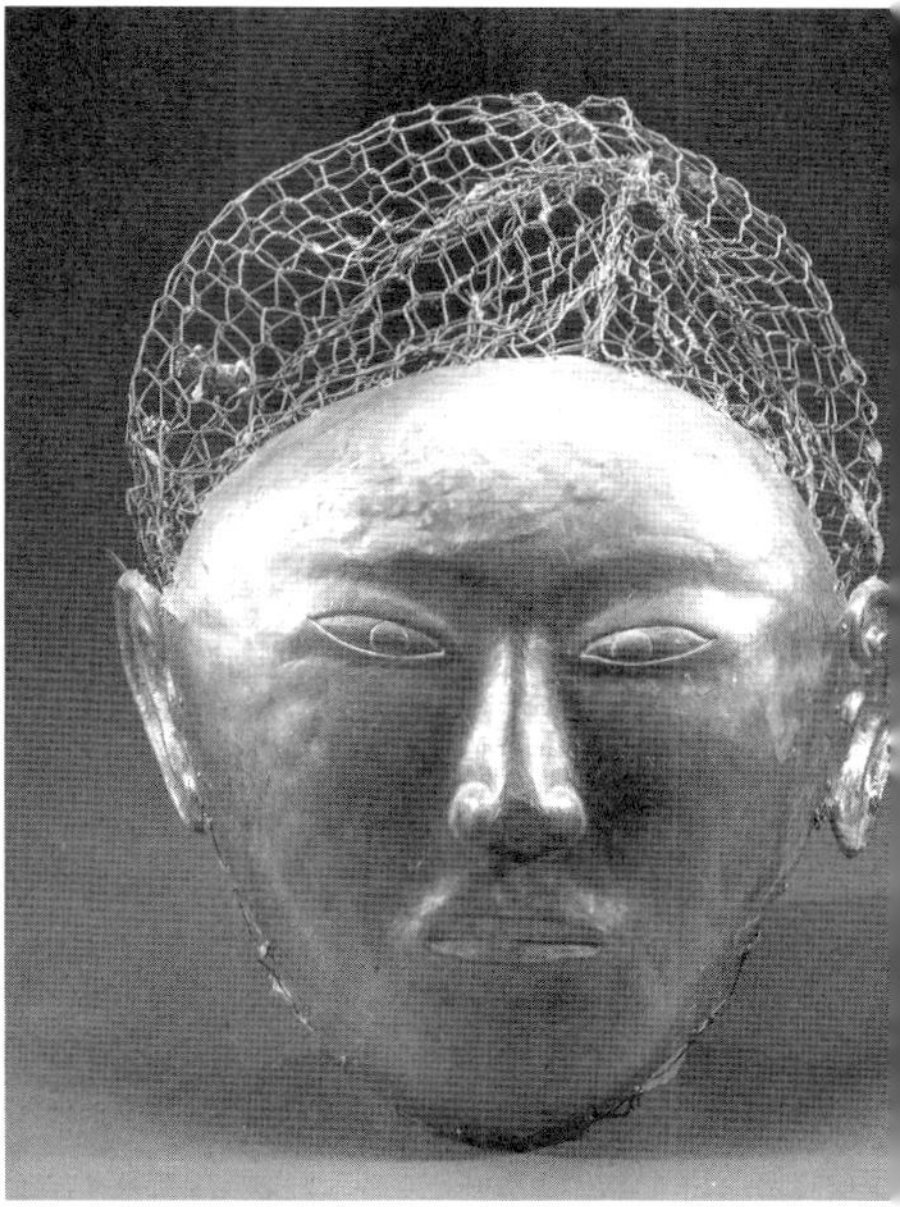

陳国公主の顔を覆っていた金の面具

鎏金銀高翅冠　契丹の公主がかぶった

よび諸国の礼貢を受ける」(『遼史』営衛志)ことにもなり、重大な政策決定と政治的行事はすべて「捺鉢」で決定され、皇帝はその所在を常時移動するだけではなく、王朝の政治的中心もつねに移動することによって、つねに非漢地域に据えられた。「二つの国家説」と「二元政治説」は、この「四時捺鉢」と政治との関係に着眼し、王朝の政治構造を抽象したものである。

「二つの国家説」はおもに国家の政治構造の重層性に着眼し、縦にある皇帝の絶対的権力を強調するが、二元政治説は主に国家の政治構造の地域性に注目し、横にある二つの政治制度の相違を強調する。疑いなく、この政策には政治的意味が含まれている。

二元的政治構造を作り上げた目的は、契丹の民族的根拠地を漢人に対する政治的資源と考え、それを保つことを通じて、漢人に対する威嚇力を保つことであった。* 「四時捺鉢」を一種の政治制度としてのみ考え、もっぱらその政治的意味を強調すると、こうした遼王朝の中国化には戸惑いを感じるかもしれない。実際は、遼の政治的中心は最初から非漢民族地域に置かれ、「四時捺鉢」も遼王朝が樹立する以前から契丹伝統文化を土台に形成した制度なのである。

契丹人は本来、「秋冬は寒さを避け、春夏は避暑し、水と草に従って農業漁業に従事する」(『遼史』営衛志)。「四時捺鉢」が東北の遼河流域で、自然環境に対応して遊牧漁猟生活を営む契丹の伝統的経済様式に由来することは明らかである。捺鉢は民族の伝統的生活文化でもある。* 捺鉢のもつもうひとつの文化的意義は、

＊耶律阿保機は920年に漢字にならって契丹大字を製作させ、後にまた回紇文字などに倣って表音の契丹小字を製作させた。彼の狙いは、民族的アイデンティティーの維持にあったと考えられる。

＊遼王朝皇帝による四時捺鉢は経済的目的から掛け離れているが、「鑿氷取魚」・「縦鷹鶻捕鵝雁」・「射鹿騎猟」が日常茶飯事のように行われる。

「校猟講武」を通じて遊牧民の尚武精神を受け継ぐことである。* 契丹は尚武伝統を非常に重視していた。契丹人による科挙受験は、尚武の民族精神に反するために禁止されたこともその一例になるだろう。

結論的にいえば、遼は「四時捺鉢」を中核とする二元的政治構造を通じて、漢人に対する政治的資源を保ちながら、王朝の中国化も積極的に推進した。遼は最初から儒学思想を王朝のイデオロギーとした。*

5・遼王朝の儒学による中国化

耶律阿保機が中国式の元号を制定し、韓延徽・康黙記・韓知古をはじめとする多くの漢人士人を利用して、中国王朝の政治制度と行政組織を大幅に取り入れた。九四六年に太宗耶律徳光は後晋を滅ぼし、中原の汴京《べんけい》（開封）で国名を契丹から大遼に変え、「夷と夏の推戴」を受けて、「通天冠・深紅の薄絹の袍」という中国人の姿で「礼器」のかけた後晋の宮殿で皇帝と称した。明らかに、遼は最初から異民族国家であると自己規定をせずに、みずから中国の王朝の系列に入ろうとしたのである。

遼（の太宗）は汴京から撤退した際、「図書・礼器」を契丹地域に持ち帰った。太宗の後継者世宗（九四七–九五一年在位）は儒学思想の発祥地である中原の王朝の政治・経済・文化に憧れ、晋臣を多く用いた。景宗（九六九–九八一年在位）は多くの儒士を幕僚として官僚に任命し、一連の封建化措置をとった。景宗の死

＊「契丹の旧俗で、其の富が馬を以って計り、其の強さが兵を以って計り、馬を野原に放任させ、兵を民衆に帰らせ、有事なら集まり戦う」（『遼史』食貨志）、「住居として宮衛があり、オルダと謂う：出かけに行営があり、捺鉢を謂う：分かれて各地に住むのが部族と謂い、有事時に攻戦を務めとし、閑暇時農業漁業を営む。軍営を作らない日はなく、防衛をしないところなし」（『遼史』宮衛志）。

＊『遼史』太祖紀によれば、耶律阿保機は918年5月に、「受命の君主、天を尊び神を祀るべし」と考え、大臣らに何を一番先に祀るべきかと尋ねた。諸大臣が仏だと答えたが、耶律阿保機は「仏は中国の教でない」とそれを退け、皇太子耶律倍の「孔子大聖、万世の所尊なり、優先すべき」との意見を聞きいれ、「詔を下し孔子廟を建てた」という（『遼史』義宗伝）。

後、皇太后蕭綽《しょうしゃく》と聖宗（九八二―一〇三一年在位）は引き続き封建化を推し進めた。十一世紀になってから、戸籍に基づく税収制度、契丹と漢人の犯罪者を一律視する法律が確立し、以前契丹貴族にしか任命しなかった南宰相と北宰相にも、漢人を任命するようになった。

　太宗の時代から太学《たいがく》*と国子監《こくしかん》*が設置され、五つの「京学」に続き、地方においても府学州学・県学などが相次ぎ設置され、科挙試験も再開された。支配者による儒学化推進を通じて、遼の官僚機構に奉仕する漢人儒士とともに、契丹族からも多くの儒士が誕生した。「好儒術」とも言われる興宗（一〇三一―一〇五五年在位）は、一〇四六年に契丹出身の儒学者蕭韓家奴《しょうかんかぬ》*に対し、政治の完全な儒学化を求めた*。道宗（一〇五五―一一〇一年在位）も儒学に心を引かれ、たびたび儒学者を呼び『論語』*『尚書』と五経を講義させ、「学者に窮経明道すべしと詔諭した」とも伝えられている（『遼史』道宗紀）。

　儒学を重んじた理由は、なによりまず儒学思想を利用して君臣関係・君民関係・家族関係を調整できることにあった。遼代になって、契丹民族は大きな社会変動期を迎え、部族制度が崩壊したため、伝統的選出制の下にあった「権威型政治」と異なる「権力型政治」―皇帝権力―に対して、「宗王の反乱が無かった時代なし」（『遼史』宗室伝）と言われるほど、貴族・皇族内部からの挑戦が相次いだ。そのため、君主の臣下、家長の家族に対する絶対的権威をもつ新しい政治的社会的秩序を改めて規定する必要があった。九三八年に遼は後晋から燕雲十六州を接

太学　上級身分の子弟の最高教育機関

国子監　隋代に設置された教育行政官庁。国子学・太学などの国立学校を管轄。明清時代には国子学・太学・四門学を国子監へ一本化して最高学府を兼ねた。

蕭韓家奴　しょうかんかぬ［975―1046］遼の先朝の実録や礼書の編纂に携わり、『通暦』『五代史』などの漢籍を契丹文に翻訳した。

＊「古代の天下を治める者、礼儀を明らかにし、法度を正す。我朝が興ってから、数世代にわたって明徳を有し、中外が向化するといえども、礼と書はいまだに作らず、以って後世に示すものなし。卿は庶成と一緒に酌古準今し、以て礼典を制定す」（『遼史』蕭韓家奴伝）

『論語』　20編。春秋末期に成立したといわれる。編者については諸説。孔子と門人、門人同士の対話をまとめた書。

収して以来、住民構成における漢人は契丹人口を上回り、遼の支配者は権力を維持するために漢人儒士を味方にする一方、他方で君主専制体制の正当性を唱える儒学にも目を付けたのであった。

中央集権的政治体制、三省六部という官僚システム、府・州・県という地方行政システム、元号・帝号などの文化制度、戸籍に基づく税収制度、国子監と太学をはじめとする文化教育システムおよび重農政策などが採用されたように、遼が中原王朝に倣ったものはじつに多岐であった。そのため、遼代においては漢人儒士がその民族的出身によって差別を受けたとは言えない*。

遼はその政治的需要から儒学化を選んだことで、王朝政治文化の儒学化を達成し、それは結局漢人との異民族意識を希薄化し、契丹民族の漢化を促すという結果をもたらした。世宗は漢人出身の皇后さえ立て、皇族の劉・王・李、皇后族の蕭をはじめ、多くの契丹人は漢姓をとるようになった。九八三年に遼は国名をふたたび大契丹に変えた。これが契丹の民族意識の回復であると指摘する学者もいるが、しかしこの年に、遼は韓徳譲《かんとくじょう》*を「開府儀同三司兼政事令（首相）」に抜擢し、「契丹人の漢人を死なせた者は牛と馬を以て償う」という差別的法律を廃止した。そして漢人の法律（漢法）に従うと決めたのであった。

6・中国とは「中華文化」を有する国

当初遼太宗は後晋を滅ぼした際、後晋から秦始皇帝にはじまった中国の伝国璽*

*たとえば、漢人韓徳譲が耶律隆運という名前を皇帝から下賜され（ちなみに、当時の聖宗の名は耶律隆緒だった）、大丞相を務め、晋王・「親王以上の位」をもらうほど、絶大な信頼を受けていた。

韓徳譲 かんとくじょう〔941―1011〕 聖宗擁立に参画して承天太后を輔佐。皇族に列して親王の上位に置かれた。耶律隆運。

伝国璽 天子の印章 →p.104

を得ていた。歴代の遼皇帝はこれを根拠に、天が遼を中国の正統王朝と認めたと考えた。一〇三八年に興宗はみずから科挙の最高試験—殿試—に「有伝国宝者為正統賦」（伝国璽を有するものは正統である）と出題し、五五人の漢人儒士を合格させた（『遼史』儀衛志）。ここから、明らかに、遼は中国の文化伝統にその中華王朝としての正当性を求めていることがわかる。

　前述の興宗の言う「中外向化」と同じように、複数の皇帝は実際遼を「中国」と規定した。＊遼の支配者の言う中国とは、中華文化を有する国であった。

　かつて道宗は論語を学び、「夷狄の有君は諸夏の無君の比べにもならぬ」という文に関して漢人の先生に対し、上世の獯鬻など異民族はまったく礼と法がなかったため夷と呼ばれ、「吾が文物は皆揃い、中華と異なるものなし」（『松漠紀聞』）と述べたという。彼にとって中華そのものは文化であり、契丹は中華文化を有すれば、民族的にも中華になるということである。今日まで多くの外国はその国際関係において中国を契丹と呼んでいる。契丹の言う中国は、中原という地域的概念ではなく、漢人という民族でもない、それはもっぱら文化的視点から捉えたものである。

　十一世紀なかばから、遼の支配者は南宋に対して「二国一家」との言い方をもって接していた。＊

「二国」とは明確だが、「一家」とは何を指しているのか。『遼史』世表によれば、「遼は本来炎帝の後裔であり、しかし耶律儼《やりつげん》によれば遼は軒轅《けんえん》皇（黄帝）の後

＊１０５７年道宗はその『賜高麗国王冊』において、「（我が国は）恩信を万邦に推し、中外を区別することなし」と述べている。同じ１０５７年に書かれた皇后蕭観音の「君臣同志華夷同風詩」は、契丹が夷であることを認めながら、「天意を受け」（承天意）、儒学の「文章」「声教」を遠い辺地まで届けたと自負した。

＊興宗は宋の仁宗に対し、１０４２年の手紙で「辺境があることで両国の名になるが、書物が一家の美を記す」、１０４３年の手紙で「両朝は一家の如く」と書き、道宗は１０４７年に宋の神宗への手紙で「雖境分二国、…而義若一家」と書いていた（『全遼文』巻二）。

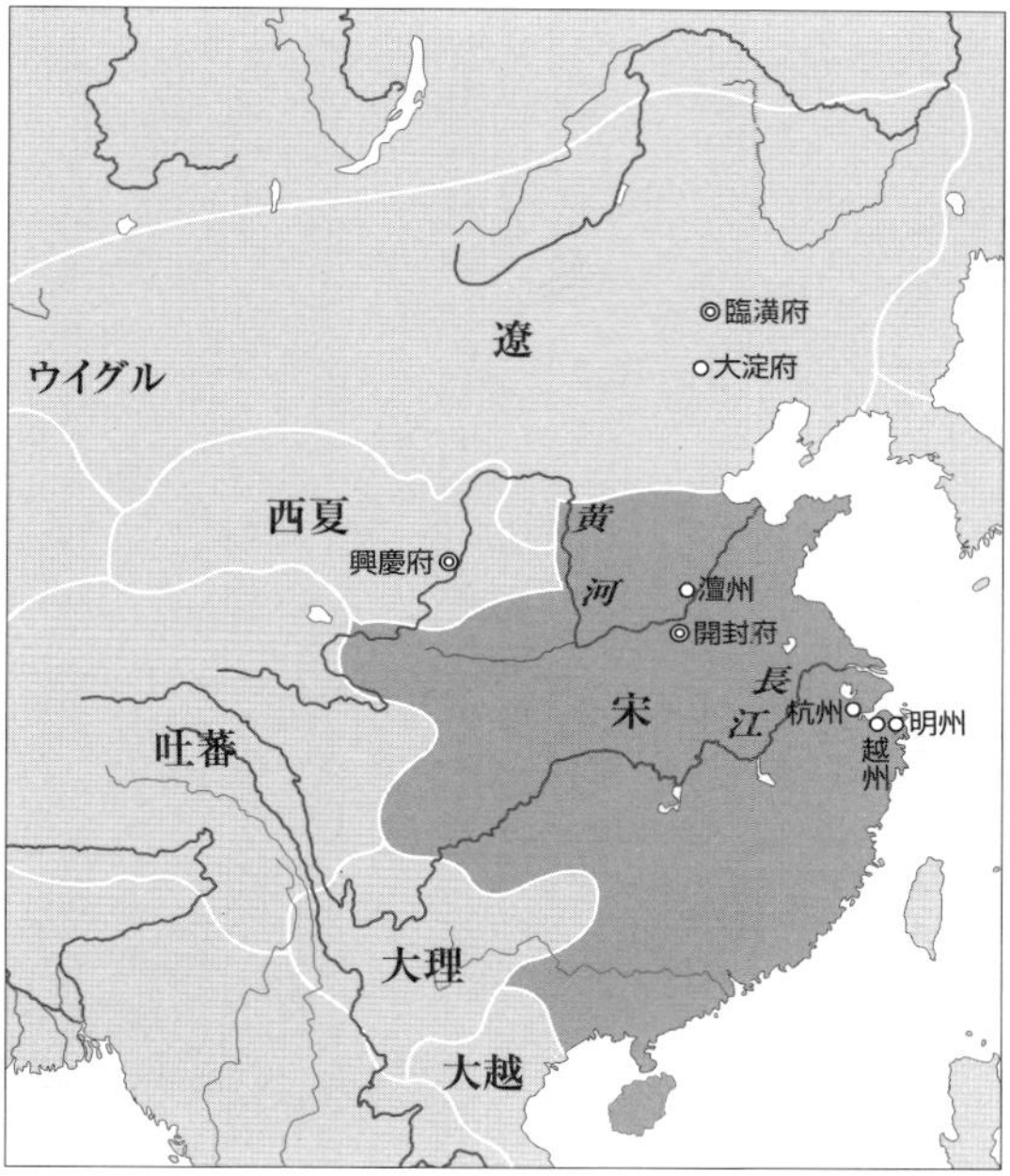

■宋遼夏の形勢（1111年）

褐釉磁馬鐙壺　遼代　高24cm
北京市復興門外で出土　騎馬民族の皮袋を、結び目やボタンまで真似てつくっている

応県木塔　遼代［山西省応県］1056年建造。中国に現存する最も高く最も古い木造の仏塔。高さ67.31m。精巧な建築構造で、自然災害にも耐えてきた。9層の塔内には、仏教の経典が収蔵されている。正式には応県仏宮寺釈迦塔。

裔である」という。耶律儼は遼道宗時期の参知政事であった。こうした契丹と漢人が同じ「炎黄の子孫」であるという考え方は、『聖宗皇帝哀冊』と『道宗皇帝哀冊』に見ることができる（『全遼文』附録三）。同祖同源と言えば、民族的「一家」になろう。これは意外なことに近代に発祥する中華民族の概念と類似している。事実、みずからの支配を貫いた遼代を通じて、契丹は民族的に増大したのではなく、おもに漢人との同化を通じて、消えて行ったのであった。

時代の推移に伴い、遼の四時捺鉢もしだいに変身する。以前皇帝は首都にいる時間は非常に少なかったが、太宗が上京を皇都としながら、南京を漢地統治の行政中心としたことによって、首都の機能は明らかになった。さらに聖宗は中京を建設し、そこを国勢拡張後の新首都として、中原制度を兼用し、宋夏の使節を接見する所にもした。中京の変容は、四時捺鉢と首都が混在し、「蕃漢」合作の社会が形成され、二元政治がますます一元政治への過渡的状態に移行しつつあったことを物語る。

7・元朝＝大モンゴル帝国の中国支配

一二三四年にオゴタイ・ハーン*（一二二九―四一年在位）は金朝を滅ぼし、中華文化の発祥地である「中原」を完全に大モンゴル帝国の領内に入れた。

遊牧の帝国が広大な農業地域を扱うことがなかったため、無用な漢人を無くしてその地を牧場にすると提言する大臣さえいた。中書令である契丹人の耶律楚《やりつそ》

契丹人狩猟図　部分　遼代　皇帝が狩猟の途中で休息。椅子を使用している。

オゴタイ・ハーン［1186―1241］太宗。モンゴル帝国第二代ハーン。

耶律楚材　やりつそざい［1190―1244］遼の王族の子孫。モンゴル帝国初期の宰相。文学・天文・地理などにもくわしく、詩集『湛然居士集』がある。

山水（春）部分　遼代　高260cm　内蒙古自治区巴林右旗慶陵壁画　遼の皇帝の陵。中室にある四季山水図のうちの春景。山には花が咲き、河畔には緑、鳥が遊ぶ。

契丹人物　部分　遼晩期　内蒙古自治区庫倫旗７号遼墓　墓主らしき人物の全高は153cm。薄い藍色の長袍、右手に赤い帽子を持つ。

舞楽　部分　遼代　内蒙古自治区庫倫旗6号遼墓門額　5人の舞楽人物のうちの3人。祝いの席の華やかな様子がわかる。

材《ざい》*はこれに反対し、封建的郡県制と税賦制度の導入を唱え、儒士の保護・優遇・重用と科挙の回復を提言し続けたが、当時は帝国の政治的中心が砂漠以北にあり、モンゴル帝国は遊牧国家として征服した農耕民の地域に対し間接的統治を実施し、中国の文化を学ぶ必要性がそれほどなかったことも事実であった。

一二五九年のモンケ・ハーン（一二五一―五九年在位）の死去をきっかけに、ハーン位継承を巡り、二人の弟―クビライとアリクブカ―の間に抗争がはじまった。* 四年間の争いの末、クビライがついに勝った。かつてクビライは西部ウルス諸王の支持を得るため、それらの事実上の独立を認めていた。そのため、クビライの即位に伴い、モンゴル帝国は事実上分裂した。クビライ・ハーン*は中央アジアの諸モンゴル・ハーン国に対し宗主権をもつが、その実質的支配領域は、アルタイ山脈以東に限られたモンゴル本部と漢人の地域であり、その治下における民衆の大半は漢人となった。そこで、以前から漢のルールで漢の民を支配する必要性を感じたクビライは、一二六〇年五月の「即位詔」において「先祖の教えを変えるのは、まさに今日にあり」と宣言し、モンゴル帝国の中国化をはじめた。

かつてモンゴル帝国には元号制度がなかった。クビライは六月に「中統」―中原正統の意―という元号を立て、中国王朝の皇帝に変身した。対南宋戦争においてつねに勝利を得ていた一二七一年、クビライはさらに『易経』*から「乾元」の意をとり、「大元」という国名を付けた。「元」を中国の「古制」に沿って建てられた中国王朝の正当な継承者であると位置付けたのである。

＊その争いの意味はモンゴル帝国のハーンの継承ということだけではなかった。モンケ・ハーンの留守中に首都のカラコリムにいるアリクブカが西部ウルス（遊牧封建諸侯国）諸王の支持を得ているのに対し、燕京を拠点漢地の総督を九年間務め、当時対南宋戦争を指揮していたクビライは東部ウルス諸王の支持を得、そのおもな政治的資源は漢地の経済と人材であった。つまり、クビライがモンゴル・ハーンを継承することは、モンゴル帝国の政治的中心が砂漠以北にあったモンゴル人の根拠地から漢地に移り、この地政的変化に従い帝国の変質も起こりうることを意味するのであった。

クビライ・ハーン［1215―1294］元朝初代皇帝。世祖。中国全土を支配。日本にも攻めたが失敗した。

『易経』 周代の占いの書。五経の一。陰と陽を組み合わせた六四卦によって自然と人生との変化の法則を説く。文王や周公らの著というが根拠はない。

大モンゴル帝国が中国の王朝ともっとも異なることは、「武功迭興、文治多缺」（クビライ「即位詔」）であった。クビライが「祖宗以武功創業、文化未修」（『元史』外夷列伝）と繰り返して強調したのは文治国家への志向が強かったためである。彼は即位早々、中国の王朝の官制を取り入れて六部からなる中書省を設けて、そして宮殿・太廟・社稷・帝号・避諱・朝儀・文書などの文化制度をもじょじょに整備した。南宋を滅ぼした一二七六年にまた、宋朝の「秘書省図書・太常寺祭器・楽器・法服・楽工・…凡典故文字、並戸口版籍」を大都に送ることを命じ（『元史』世祖本紀）、中国王朝の文化・政治制度を全面的に取り入れた。

中国を支配するにはやはり儒学への対応という問題があった。オゴタイ・ハーンは一二三四年に金朝の中都だった燕京で国子学を設立したが、体系的な儒学教育は行わなかった。元初クビライは『論語』*『大学』*『中庸』*『孟子』*、いわゆる「四書」のモンゴル語への翻訳を命じ、一二六七（至元四）年孔子廟を修繕させた。一二八七年の国子監の設置をはじめ、地方の路・府・州・県においてそれぞれ「官学」と呼ばれる学校もしだいに整備された。元代の学校は、廟学とも呼ばれることから、その多くは孔子廟と一緒に作られて儒学を学ぶ学校であったことがわかる。一二七五（至元一二）年に「詔を下し使節を江南に派遣して、儒・医・僧・道・陰陽人を捜」した（『元史』巻八世祖本紀）。しかし元代において、一部の儒士は官吏になりたからず、書院の教師になる人が多かった。元代において書院教育がとくに発達した理由は、元政府の書院に対する介入が少なかったことにも

『論語』 →p.142

『大学』 1巻。もともとは『礼記』の中の一部分で、のちに独立した一篇として扱われるようになった。自ら学問を修めることによって、国家・政治・人をよく治めるべきである、と説く。四書の一。

『中庸』 2巻。戦国時代の思想書。もともとは『礼記』の中の一部分で、天人合一の真理を説き、中庸の誠の域に達する修養法を述べる。四書の一。

『孟子』 14編。孟子が諸侯や門人たちと交わした議論や対話を門弟たちが整理した書。四書の一。

あった。

遊牧民出身にもかかわらず、クビライは中国王朝の農桑を重んじる伝統を受け継ぎ、「国は民を根本とし、民は衣食を根本とし、衣食は農桑を根本とする」(『元史』食貨志)と強調し、中書省に勧農司を設け、農業生産を回復させることに力を入れた。彼は金代の「社制」を復活させ、農村では五十戸で一社を構成するという法令を出し、自然村を基礎とする「社制」を江南地区まで広げた。元代における「社」の役割は、本来の「勧農」と社会安定の実現と維持という動機を越えて、現実に政府の農村支配と徴税も担う機関になった。

クビライによる元朝の中国化は、順風満帆ではなかった。モンゴル帝国の伝統は元になってからかならずしも完全に捨てられたわけではない。事実、モンゴル支配者は「大元」を取り入れてからも「大モンゴル国」の国名を放棄せず、元代の紀年も漢とモンゴル方式を併用し、一部の地域において蒙古語を公用語にした(『元史』世祖紀)。

多くの方面において、モンゴルの民族的伝統は、元の支配者がモンゴル人であることを漢人に意識させるように維持された。元代においてはモンゴル人が「国族」、モンゴル語が「国語」であり、パスパ*によって作られたモンゴル文字が「国字」とされた。

クビライが即位してから、漢人儒士の「今日は四海が一家になり、万国が集まって来るし、朝廷の礼を制定しなければならない」(『元朝名臣事略』巻一二「徐世隆

パスパ [1235?–1280] 八思巴。チベット人。世祖クビライの国師となった。パスパ文字(音節文字。蒙古新字・方形文字とも称される)を創始。

忠翊侍衛親軍弩軍百戸印 元代 全高7cm 内蒙古自治区烏蘭察布盟出土 軍隊用の印判。この11文字はパスパが書いた。つまみの右に同じ文字を漢字で刻してある。

チンギス・ハーン陵［内蒙古自治区伊金霍洛旗］

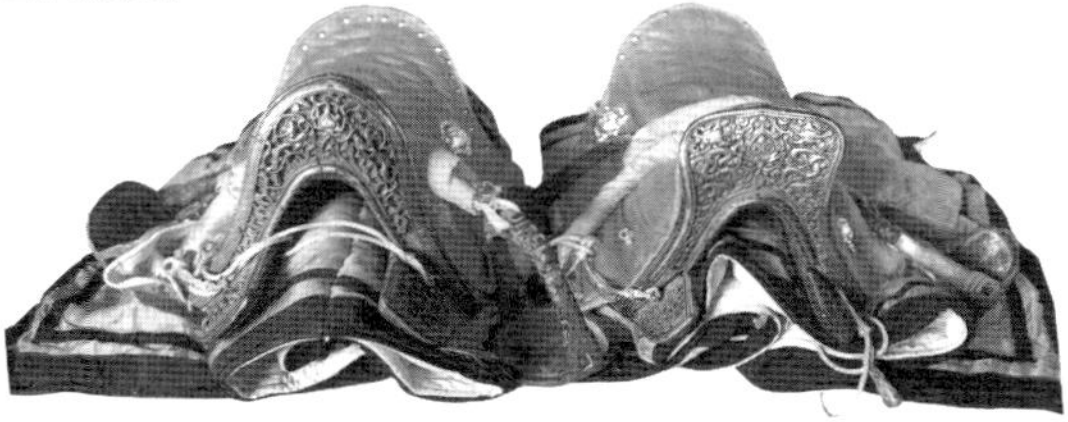

チンギス・ハーン陵奉納用馬鞍

■元朝系図

●モンゴル帝国　○元朝　数字は即位順

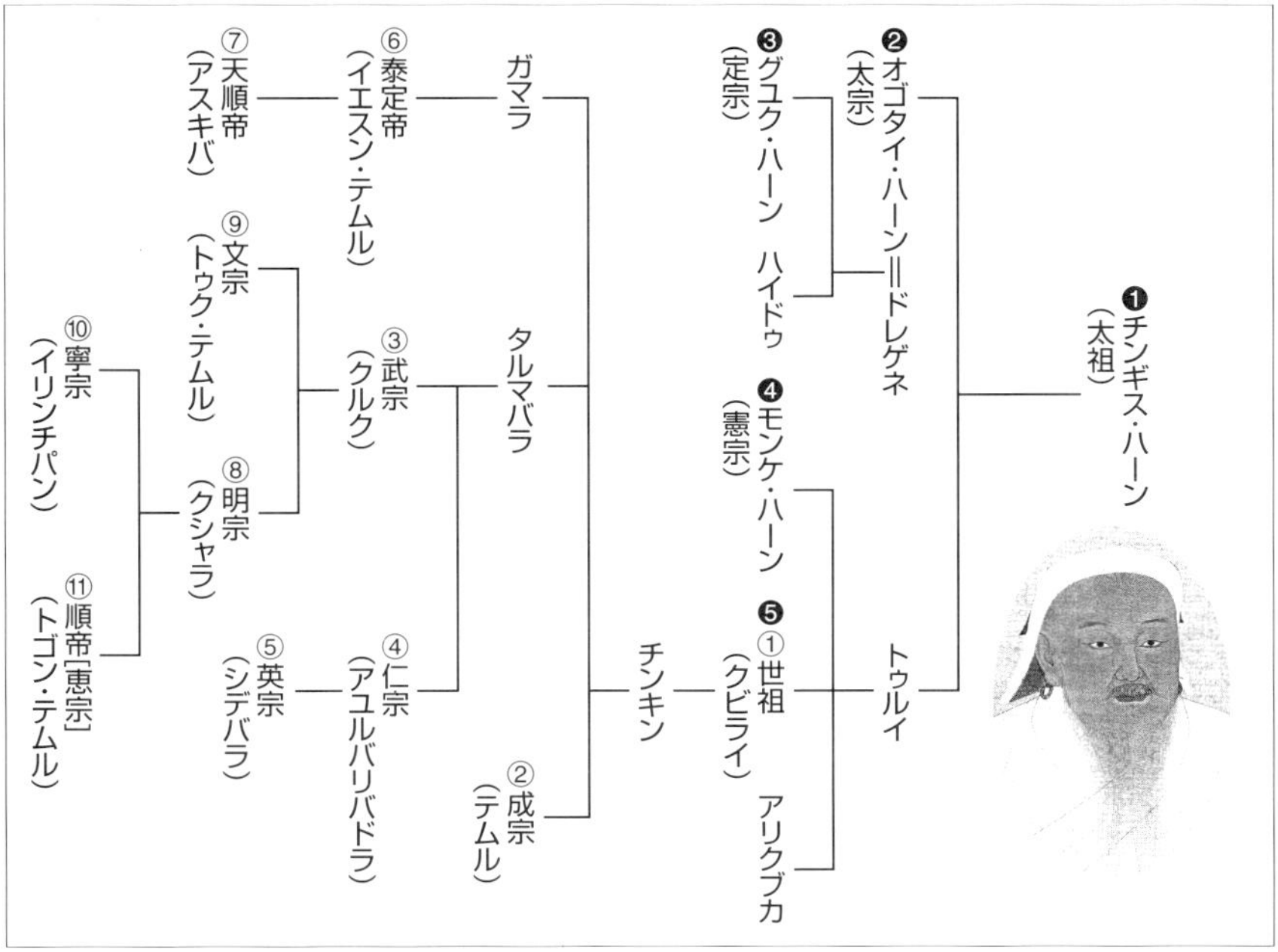

事略」）との提言を受け入れ、一二六九年に朝廷儀礼（朝儀）を制定させた。その後は重要な行事において朝儀が用いられたが、しかし宗親*との会食、大臣への宴会招待には、なお本来の慣習が多かった。いわゆる「本俗之礼」（国礼）は、モンゴル帝国時代の宮廷の礼儀であるが、あらゆる「国礼」に漢人の参加は許されなかった。チンギス・ハーンをはじめ、モンゴル帝国時代のハーンと元の歴代の皇帝は、みなモンゴル民族の伝統的なシャーマニズム的儀式のもとに埋葬される。葬儀に当たり、漢人官僚の参加は認められなかった。皇帝の誕生から埋葬までの一連の儀式は、元の皇帝はあくまでモンゴル人出身の中国皇帝であることを示している。

クビライが即位した際、謀士の郝経《かくけい》*は「立政議」を書き、「国朝の成法を以て、唐宋の故典を引用し、遼金の遺制を参照に、官を設けて職を分け、政治を立て民を安定させ、一代の王法となす。……文化を以て粉飾し、漢法に附会する」と、元王朝のイデオロギーとなるものを説いた。元代において皇帝が即位する際、まず宗王が新しい皇帝の両脇を抱えて玉座に座らせるという伝統的儀礼を終えてから、ようやく中原王朝の儀礼に従って参拝を受けることになる。皇帝の死後に送られた「廟謚号」も、かならず漢語とモンゴル語の二つがあり、たとえばクビライの廟号は、漢語の「世祖」とモンゴル語の「薛禅合罕」（賢明なハーン）であった。つまり、クビライの政策は「既行漢法、又存国俗」というものであり、元の皇帝は同時に二つの身分―漢人に対しての皇帝とモンゴル人に対するハーン―を

宗親　同族の人。一族。

郝経　かくけい［1223–1275］翰林侍読学士として宋に使いし、クビライの即位を告げ、和平を協議しようとしたが、賈似道により真州に抑留され、帰国後まもなく病没。

元大都遺址［北京］

元世祖皇后

元世祖クビライ

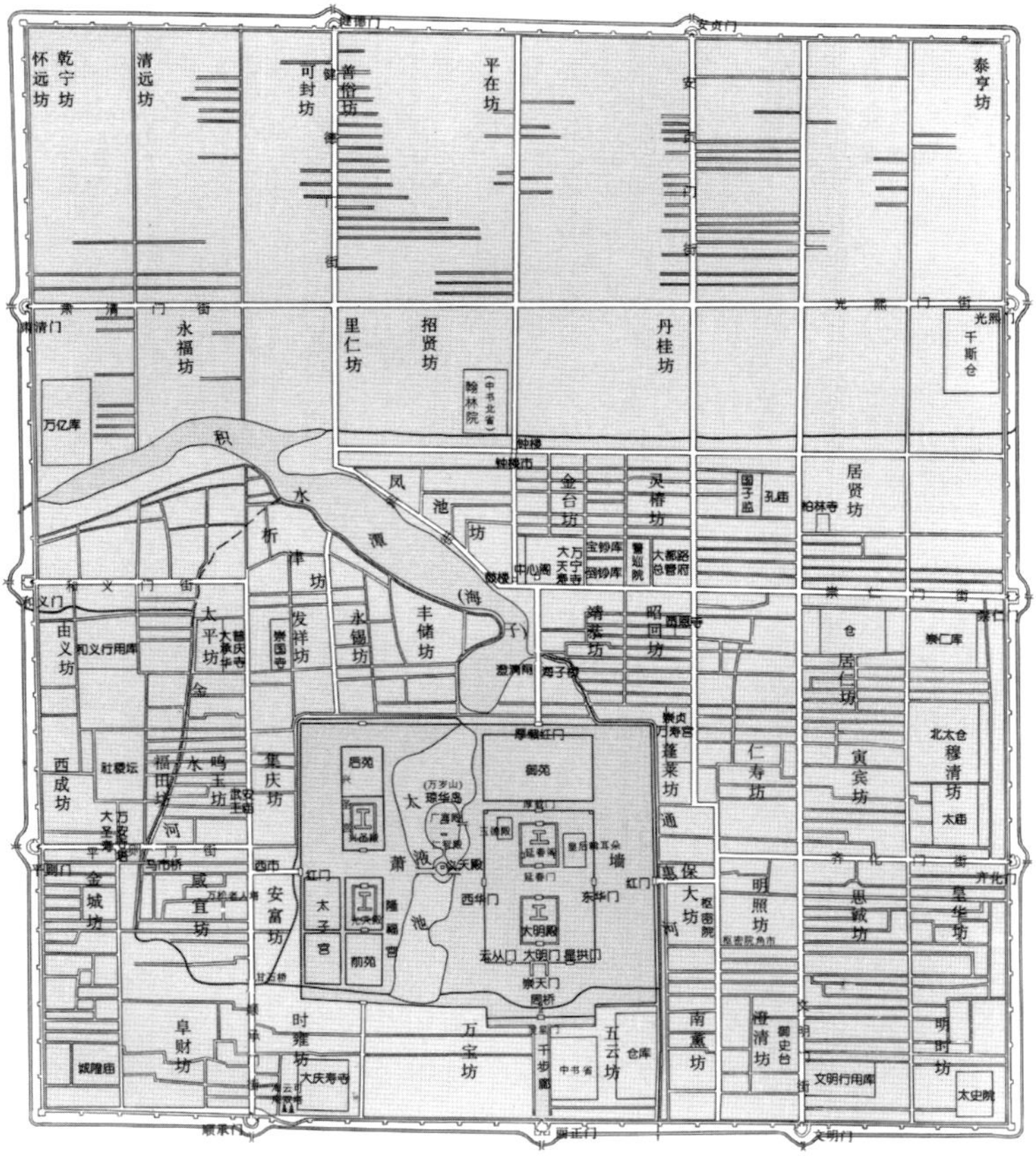

元大都城図

有するのである。

こうした元朝の政治文化制度における民族的二元性は、そのほかにも見ることができる。元は中央集権を貫徹するために広大の支配領域を、大都と上都を含む中書省の直轄地域、十個の行省と宣政院が管轄する吐蕃（チベット）の十二の地域に分けた。行省とは中央政府の出先機関―行中書省―であり、行省の下部行政システムとして宋朝以来の慣行に沿って路・府・州・県と言った州県制を実施した。しかし砂漠以北のモンゴルの根拠地である嶺北行省においては、元朝は州県制を実施しなかった。

嶺北行省には死んだ歴代の皇帝が埋葬される「起輦谷」*があり、行省の所在地はモンゴル帝国のかつての首都カラコルムであった。元朝は嶺北行省に大軍を駐屯させ、行省の丞相も朝廷の重臣を以て据えることが多かった。しかしモンゴル草原に住む人々は、依然としてチンギス・ハーン時代からの千戸・百戸などといった伝統的社会組織に編成されていた。そのことは、各家庭が平時には遊牧生活を営むが、戦時に兵丁*を出して膨大な軍事集団を瞬時に構成することを意味する。これは、中央アジア地域のモンゴル諸王の反乱に対抗するだけではなく、元朝の中国支配にとっても大きな意味を有することであった。

起輦谷　ケルレン谷の音写。ケルレン河畔。

兵丁　兵役に服する男子

8・理想的国都（大都）の建設と元の中国化

クビライによる元の中国化のなかで、モンゴル帝国の政治的中心は不断に南下していた。一二六〇年にクビライは開平で即位したが、アリクブカの勢力を滅ぼしてから、金の首都だった中都燕京（現在の北京）を中国の文化伝統に沿って理想的国都に作り直し、大都と名付けて首都と定めたと同時に、開平を夏の都とした。毎年彼は皇后・妃・皇太子・諸王・重要な中央官僚を随行させ、大都と上都との間を往復し、二月から八月（あるいは三月から九月）まで上都で過ごし、そのほかの時間を大都で過ごした。そのため大都と上都とのルートに当たり数十カ所の「納鉢」（捺鉢）が設けられた。「二都制」は、単なる漢地気候に慣れないモンゴル皇帝の草原への避暑、および狩猟を通じて尚武という民族精神の高揚だけではなく、元朝の政治文化制度における民族的二元性を端的に示すものでもあった。大都は中原の伝統を受け継いだ元朝の政治的・経済的・文化的中心であるが、上都は元朝のモンゴル本位の精神を表し、モンゴル貴族の利益を守り、モンゴル諸王との関係維持上においても重要なところであった。

クビライは上都の南西部に大きなオルド（宮廷）を建設し、また時々カラコルムを訪れ、チンギスカン時代のオルドに泊まっていた。皇帝がオルドにおいて、大臣と議事し、国政を運営する。そしてモンゴル王公と貴族の拝謁を受け、クリルタイ（quriltai、部族議事会）の形で新しいハーンの推挙と即位、大きな軍事活動の討議、重要な法令の発布などもっとも重要な政治活動を行った。元代に入ってからクリルタイで君主を選ぶことは事実上廃止されたが、しかし君主の正当性を示す手段として、クリルタイの形式はなお存在し、モンゴルの伝統を守る一面

双鳳麒麟紋石刻　元代　1.05×1.2m　北京市の明代城壁土台から出土　宮殿の建築材料であろう。中央に二羽の鳳凰、下部に二匹の麒麟が精巧に彫られている。

を示していた。

かつてクビライは即位以前から、劉秉忠・王鶚・徐世隆・張徳輝・張文謙・趙壁・許衡・竇黙・姚枢・郝経らの儒士を招き、いわゆる「金蓮川幕府」という謀士集団を形成させ、「治天下」の学問を彼らに諮っていた。金蓮川は砂漠以南の地名であり、クビライは中原を統治するために、劉秉忠の勧めで一二五六年に金蓮川で開平城（現内モンゴル自治区正藍旗内）を築いたのである。クビライの「附会漢法」*は、実際に多くの漢人の力を借りて実現したものであった。たとえば、その「即位詔」「中統建元詔」「至元改元勅」はみな王鶚によるもので、至元元年から七年（一二六四―七〇）までの文書はほとんど徐世隆の手によるもので、元という国名さえ劉秉忠の考案によるものであった。右丞相史天沢、平章政事王文統と趙壁、左丞張文謙と姚枢、参知政事商挺・楊果・張啓元（後に右丞）をはじめ、中統年間（一二六〇―六四）においてクビライはじつに多くの漢人を高級官僚に起用した。

しかし至元年間（一二六四―九四）に入ると、高級官僚における漢人の数は減る一方だった。一二六二年に漢人世侯李璮による反乱が起こり、それをきっかけにクビライは実権を握る漢人官僚を中枢から排除しはじめた。クビライによってはじめられたモンゴル帝国の中国化は、クビライ本人が中国文化へ傾倒したという側面もあるが、結局漢地の政治資源を権力争いに動員し、「北方の中夏を領有する者は、漢法を実行すればかならず長く存続できる」（許衡「時務五事」、『元史』

附会漢法 中国王朝の制度を受け入れること

漢族の風俗を受け入れたモンゴル人官僚たちの宴会図　元代『事林広記』挿絵

対座　元代　墓室壁画［内蒙古自治区赤峰市］紫色の幕の下に男女の墓主が向かい合わせに座っている。後に男女の奉公人が立つ。蒙古族の特徴がよくわかる絵である。

許衡伝）と言った現実的目的にかなう部分も大きかったと言わざるをえない。たとえ「附会漢法」を唱えた時代においても、彼の民族意識は完全に消えたわけではなく、元朝の政治文化制度における民族的二元性は、結局元朝の支配者の民族意識によるものであった。

9・元の身分制度——民族的二元制

後に中国全国を統一したクビライは、南宋の人を信用せず、北方の漢人に対してもますます疑心を深め、モンゴルより人口がはるかに多い漢人（漢族）に対するモンゴルの支配を維持するため、ついにモンゴル人・色目人・漢人・南人という民族区分に基づく身分制度を実施したのである。

元代の民族的身分制度は、金代の軍事・財政官吏任命における女真・渤海・契丹・漢児という身分制度の影響を受けたものであった。それによれば、元朝の「国族」であるモンゴル人とチンギス・ハーンの時代からこれに帰属した中央アジア地域出身者（色目人）は、淮河以北の漢人・契丹人・女真人・高麗人、およびモンゴルに早くから征服されていた雲南・四川地域の住民（漢人）と南宋領域の臣民だった南方の漢人（南人）よりも、法的地位・官吏の任用・納税などの側面で優遇される。たとえば、モンゴル人が漢人を殺害すれば軽い処罰で済むが、漢人がモンゴル人を殺害すれば死刑になるといった具合である（『元典章』巻四二刑部・諸殺）。

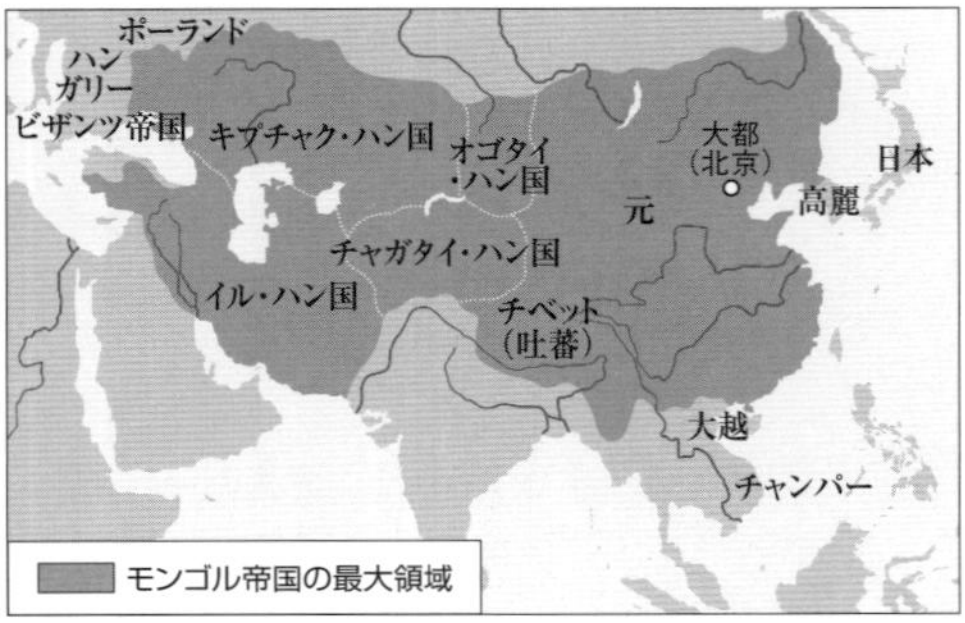

盧溝運筏図　元代　絹本着色　143.6×105cm
真ん中に北京郊外の、今の永定河にかかる盧溝橋。欄干には小さな石の獅子、河の両側には木材が積み上げられ、筏を流す人夫や車引き、商店などが描かれる。南部から来た人々はこの橋を渡って都市に入った。

漢人・南人は中央政府において、政治を司る中書省の丞相、軍事を司る枢密院の知枢密院事・同知枢密院事、監察を司る御史台の御史大夫のポストから完全に外され、地方の最高長官達魯花赤になることも至元二年（一二六五年）から厳禁された。科挙試験の再開は、元初から再三要請されたにもかかわらず、実現したのは一三一三年であったが、漢人と南人の応試には、モンゴル人・色目人よりはるかに難しい基準が適応されることが同時に法令化された。これについては、後世の中国人は元の「文治」とは「吏治」であり、「真儒を以て天下を得たが、真儒を治天下に使わない」と指摘している（孔斉「世祖一統」『至正直記』巻三）。

元朝の政治文化における民族的二元性は、軍隊指揮系統からも見ることができる。元の軍隊にモンゴル軍（モンゴルと色目人）・探馬赤軍（モンゴル人を中心とする軍）・漢軍（漢人・契丹人と女真人）・新附軍（投降した南宋軍）があり、朝廷を守る中央宿衛軍と各地に駐屯する鎮戍軍を構成した。各地に駐屯する軍のなかで、モンゴル軍は五つの都万戸府に統合されて中央の枢密院に直属し、漢軍と新附軍は行省の所轄になっていた。そして中央宿衛軍のなかに、一万人からなるケシク（怯薛）という親衛隊があった。そのメンバーであるケシクテイはみなモンゴル貴族の後裔であり、それぞれ四つの隊に編制されて三日間交替で昼夜を問わず宮殿と皇帝の護衛、皇帝の衣食住と日常生活の世話をした。このチンギス・ハーンによって作られたモンゴル大ハーンの親衛隊は、元代に入ってから公文書の起草作成など一部の職務を政府の官庁に譲ったほか、依然として政府の職権範

染付麒麟草花文皿　元代　口径46.5cm　景徳鎮窯　トプカピ・サライ蔵

釉裏紅纏枝菊玉壺春瓶　元代　高32.1cm 釉裏紅は下絵付けに銅系統の彩料を用いて紅色に発色させる装飾技法。元代に景徳鎮窯で始まった。

染付人物故事図（唐太宗）壺　元代　高27.8cm 景徳鎮窯　ボストン美術館蔵　モンゴル帝国の出現は、西の習慣と技法を東の中国にもたらして「染付」を生み、ユーラシア規模で「商品」として取引された。なかでも景徳鎮は染付一大窯業都市となった。

陶磁の世界地図

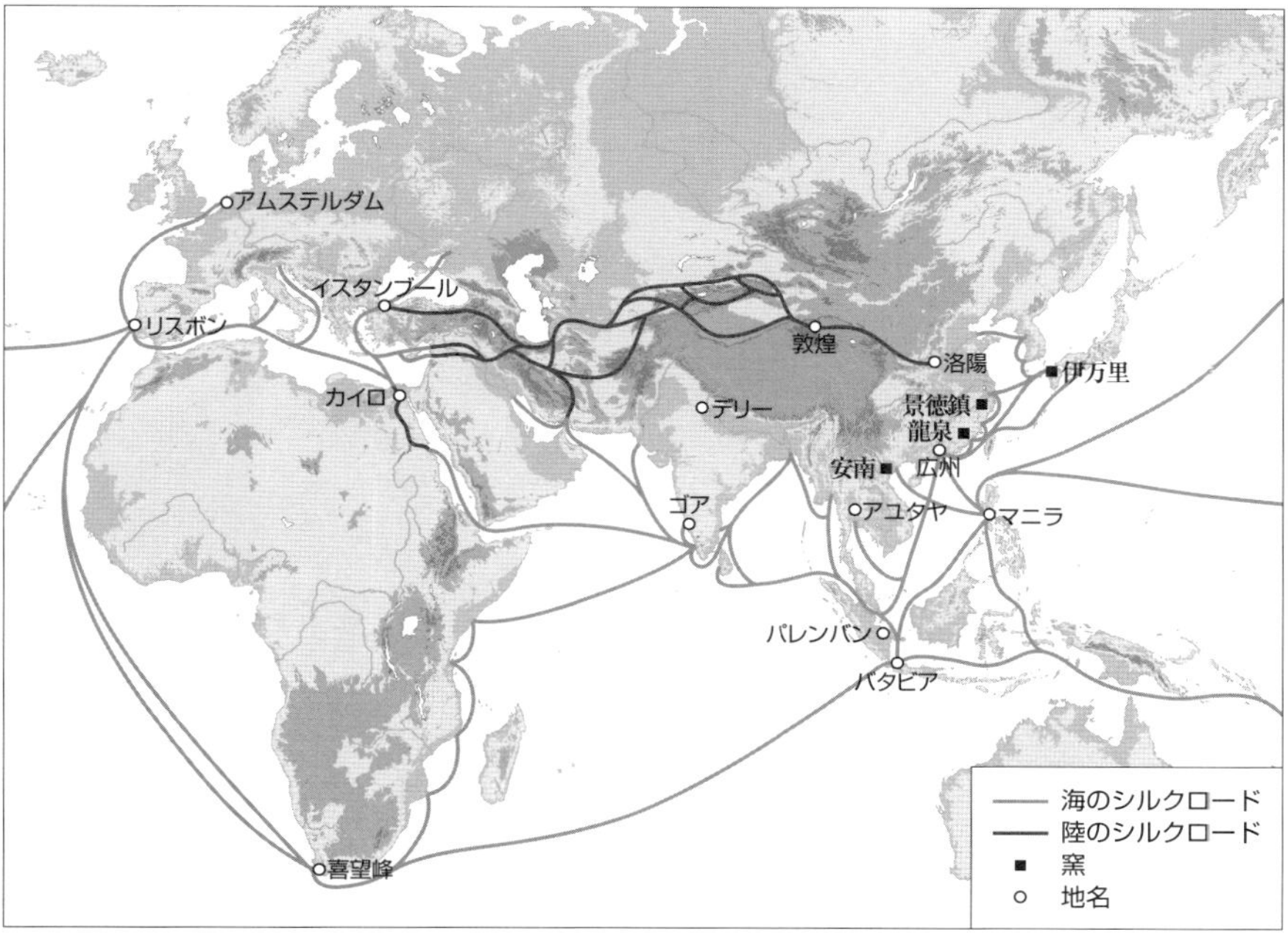

囲を超える存在として、政治的特権を享受し、漢人と南人の入隊を厳禁し続けた。「北国を内として中国を外とし、北人を内として南人を外とする」(叶子奇『草木子』巻三上「克謹篇」)。後世の人が指摘したように、クビライによる統一達成以降の元の政治制度は、民族差別の政治制度であった。そのため、政治・文化制度において民族的二元性が現れた。その後、一三四〇年に脱脱《トクト》が右丞相になって「文治」を深め、科挙を回復し、国子監を充実させ、『遼史』・『金史』・『宋史』を編集したように、時折改正する機運になるが、政治・文化制度における民族的二元性は、元代を通して基本的に維持されたのであった。

10・非漢人王朝は、帝国を二元的に支配

唐・遼・元の支配者は、いずれも同時に民族の首長と中華王朝の支配者という二つの身分をもつ。漢人による中華王朝の支配者は夷を以て夷を治めることを考え、征服王朝の支配者も華を以て華を治めると考える。唐と遼・元の支配者による国家統治思想をおよび施策を比較してみれば、中国歴史上における重要な法則が発見できる。それは漢人による中華の王朝が支配地域を重層的に分けて統治することに対し、非漢民族による中華の王朝が支配地域を多元的に分けて統治することである。

唐は中国周辺の多くの非漢民族を、一時的にせよ、その影響下に置くことに成功した。それを背景に羈縻府州政策が採用されたのであった。しかし唐の羈縻府

脱脱 トクト［1314–1355］元の重臣。科挙の再開、新しい交鈔の発行、賈魯による黄河の大改修などをおこなった。だつだつ。托克托とも書く。

州政策は、明らかに漢の属国制度*の影響を受けたものであった。羈縻の対象が府州と呼ばれるために、唐領土の一部のように見えるが、実際に唐はそれに対し主権を持たず、羈縻府州を構成する民族社会の伝統的政治制度と社会構造も変えようとしなかった。基本的に武力による外部への発展を求めず、文化的力によって夷狄を中華に変えるという唐の姿勢も、中国の伝統的天下思想にその源を求めることができる。それゆえ唐代においても中華文化の中国と非漢文化の周縁が並存するという帝国の二重的体制が形成された。そこに内外の区別・差別も見られるが、漢人による中華王朝の天下体制の基本的スタイルは、内・外という区別を維持することにあった。

漢の属国制度 →p.86

遼と元は、五胡十六国時代の胡族政権*に比べ、漢人地域を支配下に収めたという共通点があるが、政権が漢人地域ではなく中国周辺の地域において発生し、その中国支配が侵略という形の中国占領であった点においては、五胡十六国時代の胡族政権と違う。そのため、人数と文化の発達状況という二つの次元で漢人に劣っている事実に直面して、政権運営の側面から中華の伝統的政治・文化制度を王朝の政治・文化制度として受け入れざるをえなかったが、政権維持の側面から、必然的に中国周辺地域に位置する民族の故郷を、漢人を牽制するという政治的資源とした。後の清朝も含め、征服者による中華王朝―征服王朝―のもとで、中国と中国北方にある支配民族の地域、という帝国の二元的体制が形成されたことは、むしろ当然のことである。

五胡十六国時代の胡族政権 →p.111

遼の四時捺鉢から始まった「二元的政治構造」は、後世の非漢民族出身者による中華王朝支配に対し、大きな影響を残した。モンゴル族は中原に入ると、遼のように元皇帝は春冬に燕京《えんけい》*にいるが、夏秋に万里の長城を出た。満洲族による清朝の行動準則にも同じようなことがあった。熱河《ねっか》*を避暑の行在《あんざい》にし、そこでモンゴルと回疆*の王公・チベットの僧侶と会い、そして木蘭*で狩猟する。しかしこうした民族的分治は、辺境地帯に住む非漢民族の漢化以前の過渡期特有の現象であり、漢化して行くにつれて、いずれも消滅する。

中国の歴史上においてどの時代にも見られる夷狄の中華化は、唐のような漢人の王朝による同化とはちがって、遼・元のように征服王朝による積極的な被同化というパターンが大きな役割を果たした。唐は支配対象の大多数が漢人であるため、自身の文化的スタイルを非漢民族に合わせようとはしなかった。しかし征服王朝は、少なくとも中華王朝の制度整備という次元で、積極的に漢人に接近したのであった。その結果、みずからの民族文化も大きな変容を遂げた。中国における多民族統一国家思想の形成過程において、征服王朝の支配によって支配民族自身が漢化していくパターンも重要な位置を占めたのである。

燕京　北京の古称。春秋戦国時代に燕の都があったところからいう。

熱河　河北省の都市、承徳の旧称。熱河行宮とも呼ばれる避暑山荘は現存する中国最大の皇宮。

回疆　新疆ウイグル自治区の天山山脈以南の天山南路の地方。清朝はこの地域を、「ムスリムの土地」を意味する「回疆」、「新しい土地」を意味する「新疆」などと呼んだ。

木蘭　承徳市北部に位置する。皇室狩猟場だった。現在は国立森林公園に指定されている。

第六章　多民族統一国家の確立
——明・清

元・明・清の三代において、雲南・貴州・四川・湖南（広西・湖北）を中心とする中国西南部の非漢民族地域では、現地の民族酋長による総管・知府・知州・県令と宣撫使・安撫使・招討使・長官といったような地方官が存在した。中国の史書において、これらの現地民族酋長による地方官は「土司《どし》」「土官《どかん》」と呼ばれているが、官制を統一した明の王朝のもとでは、知府・知州・県令による「土官」系列（土知府・土知州・土県令）と宣撫使・安撫使・招討使・長官による「土司」系列という二つの系列に分けられる。中国の学術界は、二つの系列を区別せず、この現地の非漢民族酋長を地方官に登用する制度を、一律に「土司制度」と呼んでいる。土司制度はその発生から終焉まで紆余曲折の道を歩んでいたが、多民族国家という側面から見れば、土司制度、および土司制度を否定する「改土帰流」*という政策の性格はどのようなものなのか。

1・国家主権の拡充に貢献した「土司制度」

土司制度は、一般的に元代に発祥するといわれるが、元には「内夏外夷」という概念がないため、民族等級制度のもとに漢と夷、土官と流官の区別はあり得ないという説もある。土官と流官という概念があったかいなか、そして土司土官の使用が制度化されたかいなかに関しては、たしかに検討すべき余地がある。しかし元が意識的に異民族の酋長を「土司」「土官」に登用したことは事実である。その意味で、中国の西南地域において七百年間近く存在した土司制度の濫觴《らんしょう》は、

改土帰流　土司を廃止して中央から地方官（流官）を派遣する。流官とは、科挙試験に合格して任官され、任地を定期的に変える（流）官僚をいう。

元にあったと言えよう。

一二五三年にモンゴル軍は大理を落城させてから、雲南地域に君臨して来た大理国王段興智*および段氏一族の協力のもとに、まもなく雲南を支配下に入れることに成功した。最初モンゴル軍は雲南各地において十九個所の準軍事組織──「万戸府」──を設置し、軍事管制の統治方式をとっていたが、至元一二年の雲南行省設置に伴い、万戸府・千戸府・百戸府が路・府・州・県に改編された*。

雲南は白（ベイ）・羅羅（イ）・末些（ナシ）・金歯百夷（タイ）など多くの民族の居住地域であり、元による地域の再編は、事実上各民族・部族の酋長の支配領域に沿って行われた。その際、大理の段氏一族をはじめ、多くの民族・部族の酋長が路の総管・知府・知州・県令と宣撫使・安撫使・招討使・長官に登用された。

土司制度の内容は、中国王朝が原住民の本来の地域に基づいて行政単位を区切り、政令の受け入れ・朝貢・納税を前提とし、原住民の酋長を土司・土官に任命し、彼らに現地の慣習法にしたがって地域を統治する権力およびその世襲権を与え、辺地である場合は軍隊の保有も認めるということである。

土司制度を通じて、元はかつて中国の王朝にできなかった雲南などの周辺民族地域における支配を実現した。

基本的に言えば、「土司」は軍政と民政の双方を管理し、交通不便の辺地・山地に設置されるが、「土官」は民政を司り、中国内地に近い「夷漢雑居」の地域

段興智　［?-1260?］1253年、蒙古に降る。地図を献上して、民を治め賦税を取る法を上奏し、モンケ・ハーンから摩訶羅嵯（マハラジャ）の号を与えられる。

＊これは雲南内陸部の行政構造であるが、また、『元史』百官志七には「其在遠服、又有招討・安撫・宣撫等使、品秩員数、各有差等」とあり、元は辺地において宣撫司・安撫司・招討司・長官司などを設置したことが分かる。

あるいは経済が比較的に発達した地域に設置されることになっていた。* ある統計によれば、明代では武官である土司の数が九六〇名で、文官である土官の数が六四八名であったという。

土司制度のもとに原住民による反乱もあったが、しかし結果から言えば、中国の王朝によって押し進められた土司制度は原住民の酋長によって受容された。その原因は、原住民の酋長と中国王朝との間に土司制度の設置をめぐる利害関係の一致が見いだされたことにある。つまるところ、中国王朝から見れば、これらの地域が帝国の中心から遠く離れて交通不便のほかに、自然環境が農耕技術や健康にとって不利であり、原住民の社会も漢人の文化—儒教文化—を以て統治するに値せず、さらに中国人官吏による直接統治は言語不通と課税などによって原住民の誤解と反感も招きかねないため、間接統治である土司制度は唯一の安価な方法であった。一方原住民の酋長側から見れば、中国の侵入と支配に抵抗する力をもたない以上、中国からの称号と地位を受けさえすれば、その地における彼らの政治的地位が確保され、さらにその声望はこれを通じて上昇することになる。

さて、土司制度によって保証された原住民酋長の政治的地位は、一体どのようなものであろうか。まず土司・土官が国家の官僚であると位置付けられたことである。元代では下級の土司土官はみずから地域を統治することになるが、上級の行政機関において「参用土人」、つまり土司土官が「流官」（中央が任命し、一定の期間後は移動させられる正規の官）と一緒になるケースが多い。基本的に行省

＊「明踵元故事」（『明史』巻一九八土司列伝序）、1363（元至正23）年に湖広地区を掌握した朱元璋は、帰順を表明した宣慰・安撫・長官などの土司に対し、「即用原官授之」（『明史』巻三一〇土司列伝）、つまり元代の官職のままに封じたのであった。明は前後に湖広・貴州（元の時代湖広行省に所轄、明代に独立した省となった）・四川・雲南・広西・広東などの行省において土司制度を施行した。

北京宮城図　明初期　絹本着色　北京紫禁城は永楽帝によって1406年に造営が決定し、それまでの首都であった南京の皇宮の規制をとって、14年後ほぼ全容が完成した。東西750m、南北960mの矩形の紫禁城は地上に具現された小宇宙であった。図中、承天門（今の天安門）の前に立つのは承天門の設計者蒯祥だといわれている。

と宣慰司においてはモンゴル人流官が主で土官が従、路において土官が主で流官が従、府州県においてはほとんどが土官であった。土官と流官が互いに浸透しあうことは西南地域における元代官制の特徴であり、そのため土司の官位・職位における混乱も見られた。

元と異なり、流官とはっきり区別するのが、明代における土司官制の特徴である。明朝は土司官制を文官と武官の二つの系列に区分し、元代に土官と流官がともに用いられた宣慰使・宣撫使・安撫使・招討使・長官などの職を、武官系列の「土司」専用の職として兵部の所轄にし、「土知府」「土知州」「土県令」と呼ばれる「土官」系列を吏部の所轄とした。その上に明はまた官職に基づいて、土司にそれぞれ従三品から従九品までの一四級の官位を与えた。俸禄は出ないが、官位に従い、官印・官服が支給され、朝貢の人数・回数・朝廷の下賜の数量も決められたのであった。

明代では、土司の官位が軍功・忠勤および納税・貢献によって流官と同じように昇進できたが、土司を厳しく管理する側面もあった。不法な土司に対して等級の格下げ、官職の剥奪、流罪など処刑に至るまでの懲罰が与えられた。順調な世襲を保証するため、明は土司が生前に後継者を定めて朝廷に報告して記録に載せるように命じ（『明史』吏部・土官承襲）、「其の子弟・同族・妻女・婿および甥による世襲に関しては、すべてその風俗に遵わせる」（『明史』職官志）というかなり広範囲の世襲系統図も定めた。しかし反乱を起こした者、省を超えて婚姻関係を結ぶ者、「外夷」と交通する者の世襲は認められなかった（『明会典』兵部・土夷襲替）。世襲は認めるが、その基準は中央政府によって決められる。『明史』土司志に、「襲替はかならず朝命に従い、万里外にいると雖も、皆朝廷に赴き受職する」とあり、明初において世襲ごとの朝見は欠かさなかった。要するに、明は土司を中国王朝の官僚とみなしたのである。

また、土司の軍隊は現地治安の維持以外に、朝廷の徴発に応じなければならなかった。* 元代と明代において、土司の軍隊は土司地域と関係のない戦争にも使われた。土司の軍隊は朝廷によって各地に派遣されて駐屯することもしばしばあり（『明会典』兵部・鎮戍）、正規軍と一緒に反乱の鎮圧・対外戦争にも参加させられた（『明史』項忠列伝、湖広土司列伝）。土司と土司との間の争いは天子によって裁決され、勝手に戦争を起こすことは禁止された。*

2・土司制度の非漢民族地域は中国の一部

元代と明代においては土司による朝貢が要求された。そのため、土司制度が唐宋時代の羈縻府州制度と相似することは指摘されてきた。しかし詳しく分析すれば、土司制度の羈縻府州制度と異なる側面も浮き彫りにすることができる。

唐宋によって任命された羈縻府州の長は、同時に本来の酋長の地位も王朝によって確認された。たとえば、突厥は同時にハーンでもあった。中国の王朝はその人口戸籍を把握せず、納税も要求しない。その社会において中国の法律・制度は

＊『明史』職官志・土司には「諸蛮を安定させ、謹んで領土をも守り、朝貢を行い、朝廷の徴用に備える」（「附輯諸蛮、謹守疆土、修職貢、供征調」）とある。

＊洪武年間、水西の土司は他の土司に対する征伐の許可を朱元璋に求めたが、朱元璋は「中国の兵隊は、外夷の恨みを払う道具にされてはならない」と、これを一蹴した。つまり、土司制度のもとに、土司の軍隊が中国国家兵力の一部として位置付けられたのである。

実施されず、内部の問題は民族酋長のもとで慣習法に基づいて解決される。そして地域間の衝突が起こっても、中国王朝は調停する役を演じるが、直接関与しない。つまり唐宋時代の羈縻府州は、実質上中国王朝の宗主権を認め、朝貢システムのもとで独自性を保つ独立国であった。しかし土司制度のもとにある非漢民族地域社会は、中国の一部と位置付けられている。

朝貢は、中国王朝への「臣服」という政治的意味を有するが、かならずしも中国王朝の実質支配を意味しない。以前の朝貢に比べ、土司制度のもとにある朝貢は、強要された色が一段と強くなった。朝貢の貢品・時間・人数、およびそれに対する朝廷の下賜品などについては、元代において一定の決まりはなかったが、明代では土司の官職に基づいてそれぞれ細かく決められ、時間の遅れ、貢献品の不足などが非難された（『明会典』礼部・給賜）。

土司制度のもとにおける朝貢制度の性格を検討する際に見逃せないのは、朝貢が納税と並行して行われたことである。元は周辺の民族地域に対して賦税を徴収した最初の中国王朝であった。『元史』世祖紀三によれば、元は至元年間において雲南地域において「納賦税」、つまり賦税を徴収しはじめたのである。元の雲南地域における徴税は住民人口と農地の数を把握し、正式な賦法を定めた上で行われたもので、一時的措置ではなかった。明初、異民族に対して課税は求められなかったが、明の支配が確立していくにつれて、土司の地域において戸籍の編成が進められ、それぞれの土司に対し決まった額の賦税を課した。*

＊「本司歳納海　釲七万九千八百索」、「麗江土民毎歳輸白金七百六十両」（『明史』雲南土司列伝）などの記録がある。

憲宗元宵行楽図巻　部分　明代　37×624cm　第9代皇帝憲宗（成化帝）が元宵節（旧暦1月15日）の遊びを観賞するようすを描いたもの

土司地域で徴収する賦税は、その額から言えば非常に小さかったが、その意味は極めて大きい。まず、朝貢に対する回賜*を通じて周辺民族に提供してきた中国の王朝による経済的優遇が、土司地域において賦税制度を通じて実現されたことは、土司制度にある「朝貢」が朝貢システムのもとにある朝貢と違うことを意味する。事実上、清初になって土司地域の朝貢は撤廃されたのであった。そして、朝貢と性格が違って賦税は強制的であり、元明の人口調査・戸籍編成のうえに行われた賦税徴収は、納税者が国家の「編戸斉民*」で、土司地域が王朝の版図内にあることを意味した。

総じて言えば、土司制度は中国王朝による間接統治のもとに民族自治を認める制度であった。土司制度のもとで、中国の王朝は唐宋時代の羈縻府州制度のように周辺の異民族を「羈縻」することではなく、その民衆と地域に対して主権を持っているのである。

3・土司地域は儒教によって「中国化」

とくに注目すべきは、土司制度のもと、最初から「以夏変夷*」との方向性が示されたことである。かつて唐王朝は中華文化の伝播にも力を入れてきた。しかしそれは異民族の国学入学の許可、唐玄宗*時代の「蕃の客が来朝し、あわせて国子監で礼教を観ることを命じ」（『唐大詔令集』巻一二八）、羈縻府州に儒学の経典などを送った（『唐会要』巻三六）。しかし唐が異民族の自発的帰化を期待したのと異な

回賜　朝貢に対する返礼

編戸斉民　国家による戸籍簿に組み入れた庶民

以夏変夷　異民族を中華に変えること

玄宗　［685–762］　唐の第六代皇帝。李隆基。

り、土司制度のもとでは、中華文化への同化が強行されるようになった。

元代以前、雲南は「子弟不知読書」と言われたが、元初、孔子廟・明倫堂を創建し、経史を購入し、学田を授け（『元史』巻一二五賽典赤贍思丁伝）、各地において儒学・廟学を建て、現地民族上層部の子弟を入学させ、それらに対する儒学教育をはじめ、中国内地と同じような「吏治文化」が見られた。

一三八二（洪武一五）年朱元璋《しゅげんしょう》＊は朝貢に来た土官に対し、土官子弟の国子監入学を命令し（『明史』貴州土司列伝）、一三九五年にまた「其雲南四川辺夷土官、皆設儒学、選其子孫弟姪之俊秀者以教之」と礼部に命じた（『明実録』太祖実録巻二三九）。そして一五世紀末と一六世紀初頭に「其の儒学に従い読書習礼を行わない者に対し、世襲に推薦することを認めず」（『明実録』孝宗弘治実録）、「土官の世襲すべき子弟、すべて入学させ、風化に染まることを命じ、…入学しない者なら、世襲を許さず」（『明史』湖広土司列伝）とまで規定したのであった。

明は儒学文化の普及を通じて、異民族を中国人に改造するというはっきりした目的をもっていた。朱元璋は皇帝に即位した年に「朕は惟武功を以て天下を定め、文教を以て遠人を化す。これは古先の哲王が威徳をあわせて施し、遠近をみな服従させる訳なり」と述べ、その理想的天下図を描いた。＊

土司地域に対する儒学教育は、辺境地域の中国化過程において大きな効果をあげることができた。一三一三年に貴州で文明書院という書院ができ、元は儒学教授を任命した。一三一七年には住民がほとんど苗族である普定路で学校ができた。

朱元璋　しゅげんしょう［1328–1398］洪武帝。明の初代皇帝。在位1368–98。貧農出身で、紅巾軍の一兵卒から身を立てた。金陵（南京）で帝位につき、元をモンゴル高原に退けた。

＊『明実録』太祖洪武実録によれば、洪武15（1383年）に朱元璋は朝貢に帰りの土司に対し、諸酋長に対し、「今日爾輩が帰り、凡て子弟を皆国学に入れて授業を受けさせ、君臣父子の道、礼楽教化の事を覚えさせることを諭すべき。他日に学業ができて帰り、其の土俗を中国風に変えることができる」と言った。

明代では、貴州で書院が二十、府学が一二、州学が四、県学が一〇、里学が二三個所作られた。

その影響で、遅くとも明代から漢字で書かれた苗族・布依族の「榔規」「款」と呼ばれる地方規約があり、明清期になって漢姓漢名、家譜、「天地君親師」との位牌も現れたという。

土司制度は、中華文化の広がりおよびそれに基づく民族融合—非漢民族の漢化—に環境を提供した。とくに科挙試験が土司地域まで普及することは、土司階層の中国人化に一層の弾みをつけた。雲南・貴州などの地域で、科挙試験が一四〇八（永楽六）年にはじまり、壮族・土家族などの民族からも多くの合格者が出た。

科挙に参加する異民族のものは、漢族社会の特徴を捉え中国王朝から付与された政治的権威の体裁を儒教的規範によって整えようと図ったものや、安定しない政治基盤を補完するためのもの、漢族に対しても政治的権威を獲得するためのもの、科挙制度が付与する政治的権威を武器に地域社会への影響力を強めた漢族移民の戦略を学び、自己の利益を最大限に引き出そうとするもの、儒教的素養を資本に、漢化によるリニージ統合を主導しようとするものなどがいた、そして科挙を基礎とする官界進出の開始とともにみずから漢化していくのである。

土司制度のもとで、中国の領土は広がり、国家も空前の統一を遂げた。しかし明代なかば以降、反逆、犯罪、該当する後継者の欠如などを理由に、土司勢力の強い抵抗を押さえ、「改土帰流」を強引に進め、大きな土司勢力を相次ぎ抹消し

明代(15世紀)

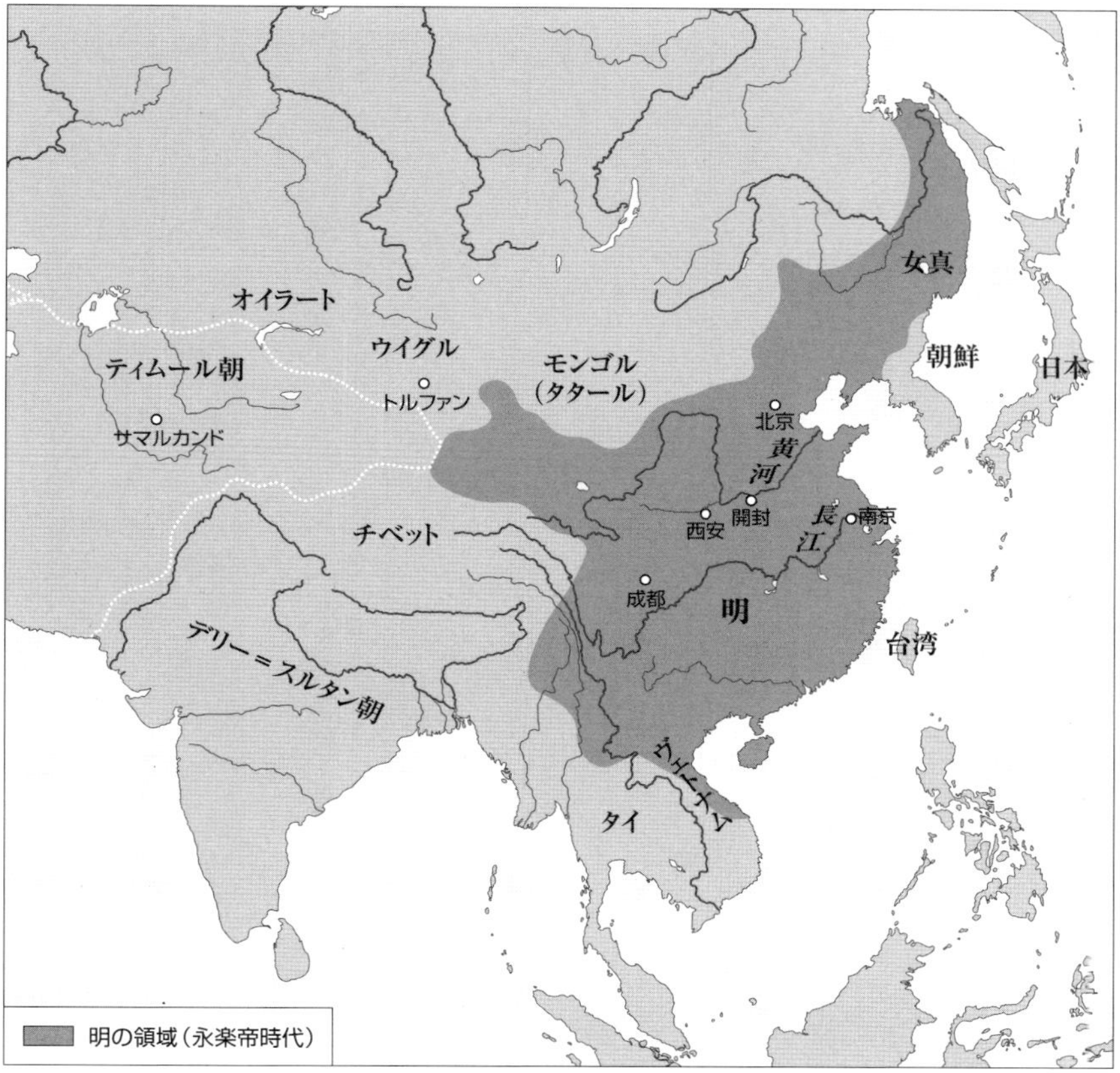

オイラート
ティムール朝
サマルカンド
ウイグル
トルファン
モンゴル
(タタール)
女真
朝鮮
日本
北京
黄河
開封
西安
長江
南京
チベット
成都
明
台湾
デリー＝スルタン朝
ヴェトナム
タイ
明の領域(永楽帝時代)

明朝系図(朱氏)

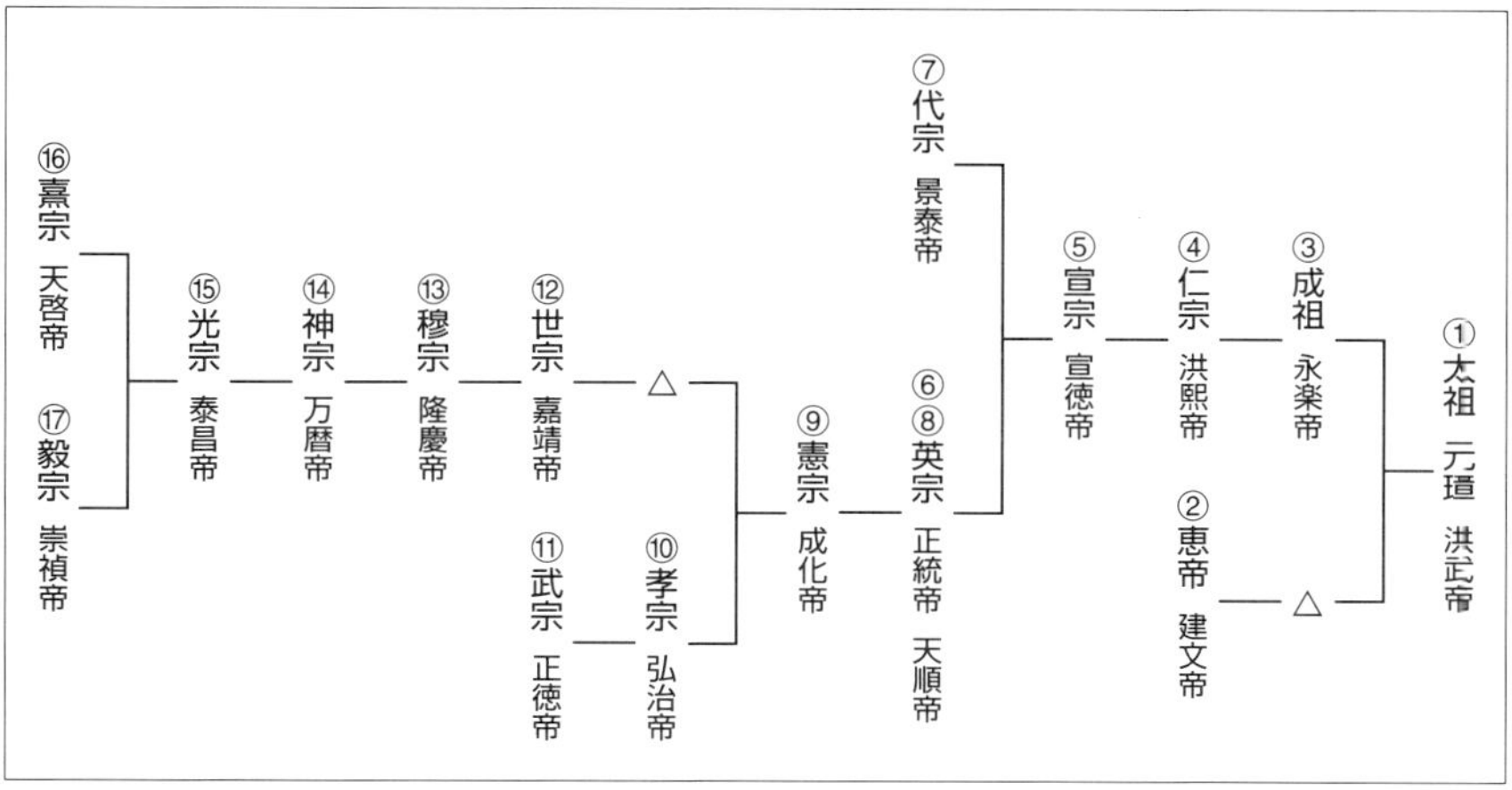

①太祖 元璋 洪武帝
③成祖 永楽帝
②恵帝 建文帝
④仁宗 洪熙帝
⑤宣宗 宣德帝
⑥⑧英宗 正統帝 天順帝
⑦代宗 景泰帝
⑨憲宗 成化帝
⑩孝宗 弘治帝
⑪武宗 正徳帝
⑫世宗 嘉靖帝
⑬穆宗 隆慶帝
⑭神宗 万暦帝
⑮光宗 泰昌帝
⑯熹宗 天啓帝
⑰毅宗 崇禎帝

数字は即位順

て行く。

改土帰流の性格は、王朝による非漢民族地域に対し、間接統治をやめ、直接統治に移すことである。改土帰流が明代においてはじまった理由は、土司勢力が膨張し、朝廷の命令を拒否したり、反乱を起こしたりして王朝の脅威となったことである。ところが、それがすべてであるとは言えない。明代に新しく封じられた土司の数は元代よりも多いが、しかし規模がみな小さい。明代においては土司の官位も元代より下がり、宣慰使・宣撫使・安撫使・招討使がそれぞれ元代の従二・従三品から従三・従四・従五品と引き下げられた。つまり、明は西南地域において土司を通じて非漢民族地域社会を統治する一方、他方では土司による大勢力の形成を防ぐことに腐心した。

また、注意すべきは、明代における「改土帰流」が、土司制度が確立するプロセスとほぼ同時進行だったことである。* 以上から見れば、土司制度は最初から過渡的措置と位置付けられた可能性が十分にあった。

明・清期において、土司制度は王朝の唯一の非漢民族に対する統治形態ではなかった。たとえば、明は西北の陝西行省に所属する甘粛のチベット族地域において、土司制度を導入せず、衛所を設置した（『明史』兵志）。衛所は、基本的に漢人による流官を主とするものであった。

明代において土司制度が導入された地域は、基本的に中国の西南部、つまり元が土司制度を施行した地域と一致する。明があえてこの地域で土司制度を取った

＊永楽年間において、貴州の思宣慰司と思南宣慰司が廃止された。（『明史』貴州土司列伝）

三娘子　明代　三娘子［1550−1612］は蒙古族アンダ・ハーンの妾。明朝との和解を主張して受封と朝貢を実現させた。アンダ・ハーンの死後も蒙古の政権を握って和睦友好の原則を崩さず、蒙漢両民族から敬愛されたという。

ホロンバイル草原［内蒙古自治区］

理由は、まず以前の王朝によって土司制度が認められたことにあったのではないかと思われる。つまり、元によって土司制度が導入された以上、明はその非漢民族地域における支配を確立させるために、最初の段階で土司制度を継続させる必要があったのである。たとえば、明は雲南地域において土司制度を施行すると同時に、軍の食料問題を解決するために大規模な「軍屯」（兵士による農産業）を行った。それは事実上計画・組織された軍事移民だったとの指摘もある。土司地域における中国王朝の最終的目標は、やはり土司制度の廃止と流官の導入であり、土司制度のもとで行われた「中国化」もその次元で理解される。

　元が土司制度を施行した理由については、現地民族の強い反抗による直接支配の不可能*、気候上におけるモンゴル官僚派遣の不可能*、そして地域の経済様式と社会組織によって中国内地と同じような中央集権制の直接実施の不可能との三点が挙げられてきた。しかしそのうえにさらに重要なのは、元が同時に二つの性格―モンゴル帝国と正統な中国王朝―を有することであった。つまり、土司制度の導入においては、元は中国王朝の周辺民族に対する「以夷治夷」との伝統を受け継いだ一方、他方ではモンゴル帝国として行省をはじめとするような権力を集中させる行政システムを異民族にも作り上げた。しかし権力集中の行政システムの側面によって、土司地域の「中国化」の方向は決定的となった。

　「中国」とは、事実上中国文化の流行する地域である。「改土帰流」は、まず土官系統の地域、つまり中国に近く、多くの漢族住民が入っている地域を最初の対

*各民族の抵抗が強く、また至元元（1264）年から12年にかけて各民族による大きな蜂起があり、モンゴル軍は大きな損失を被った。

*特に瘴気、すなわちマラリアなどの風土病はモンゴル人にとって恐ろしい病気であった。

高昌故城　トルファンの南東45kmに位置する

象とした。これまで挙げた例を見れば、「周縁」の異民族について、中国の王朝がおもに「羈縻」政策を施行し、均質的な「天下」を求めないことはわかる。しかし、もう一方では、「中国」以内には異質な存在を認めないことも、中国の王朝の伝統であった。かつて唐も六四〇（貞観一四）年にトルファン地方で繁栄を続けていた漢人の植民国家高昌《こうしょう》王国*を滅ぼし、その地に西州および隣接地域に廷州を設置して直轄領とした経緯があり、すでに中国化の傾向にある「土司制度」が、いずれ中国王朝の直轄領にされるのも不思議なことではなかった。

4・清朝の「改土帰流」は、少数民族漢化の運動

清朝は西南地域における支配を確立していくなかで、明代以来の一〇七八家の土司土官を承認したほかに、順治《じゅんち》*による中国西南部の征服、康熙《こうき》*による三藩の乱*の平定と雍正による青海征服を中心に、さらに数百家の新しい土司を立てた。清朝の土司土官制度は、設置・官位・官印・世襲・賞罰・朝貢・賦税・兵役および土司土官地域における儒学校の設置・土司土官子弟に対する儒学教育・科挙試験などの面において基本的に明代と同じであった。

清も明の伝統を受け、脅威にならないように官位が五品以下の小さい土司しか新設せず、土司の役目を「惟貢、惟賦、惟兵」、すなわち朝貢、賦税、軍隊を約束することに限定し、さらに土官府への流官の派遣、境界の策定、土司地域の細分化、監察賞罰制度の厳密化、（清嘉慶年間に）土司の外省へ出ることを禁止する

高昌（450–640）移住した漢人が車師国を倒して建国。498年には麹嘉が王となり、唐に滅ぼされるまで麹氏が支配した。

順治帝［1638–1661］清朝第三代皇帝。在位1643–61。世祖。

康熙帝［1654–1722］清朝第四代皇帝。在位1661–1722。聖祖。

三藩の乱　三藩とよばれていた雲南の呉三桂、広東の尚之信、福建の耿精忠が、三藩廃止令に反対して1673年に挙兵。1681年、康熙帝が鎮圧した。

など、さまざまな手段を通じて土司勢力の弱化を狙い、また都まで朝貢することを現地の流官に対する金銭による納税に変更させ、回賜をやめることを通じて、流官から独立している意識の抹消につとめた。

清代の改土帰流も早くは順治・康熙期に兆しを現した。清朝による大規模な改土帰流は、雍正期にはじまった。反乱する土司・不法をした土司・後継者が欠如する土司・後継を巡って争う土司・土地返上を申し出る土司が、次から次へと廃止された。* 乾隆期における大金川・小金川のチベット族反乱鎮圧をへて、清代の「改土帰流」は、清朝末期まで続けられた。

かつて康熙初年において、すでに貴州省の管轄下の一一府四〇州県においてすべて儒学校が設立され、書院はもっとも多いときには、一三三カ所にも達した。康熙帝は「土司子弟」「苗民」に科挙試験を受験するよう命じたという。土家族地域では科挙を受ける知識人がますます増えるにつれて、民族文化と漢文化との合流現象さえ起こった。

中国内地との経済的・文化的交流が盛んになっただけではなく、改土帰流をへて、かつて「漢不入境、蛮不出峒」だった地域にも大量の漢人が流入し、たとえば貴州の場合は、改土帰流以前漢人はごくわずかだったが、以後大多数を占めるようになった。清は改土帰流の地域を中国内地と同一視し、その人口と土地を調査し、保甲制のもとに地域社会を再編させるとともに、周辺地域の中国内地化と周辺民族の中国人化に力を入れた。

＊雍正に雲貴総督に任命され、改土帰流の現場指揮に当てられたオルタイ(鄂爾泰)は、その「改土帰流疏」において、土司制度による「以夷治夷」イコール「以盗治盗」であると、土司制度を根本から否定し、「改土帰流」こそ「一労永逸」(一度の苦労で永久に楽をすること)であると主張している。

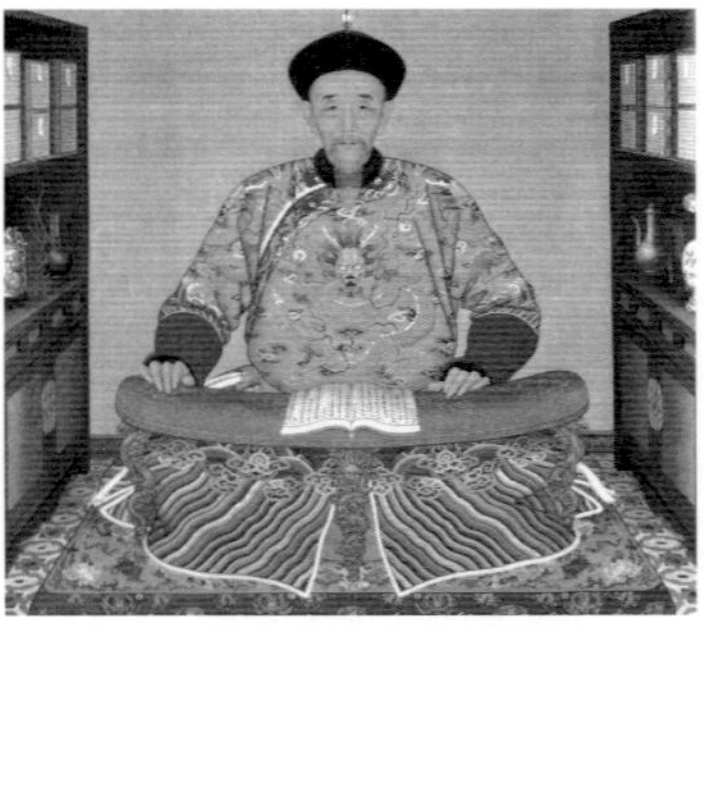
康熙帝

乾隆帝の甲冑　大閲の時に着用した。たくさんの金龍や雲文などが刺繍され、皇帝にふさわしく美しいもの。

康熙帝の龍袍　清代　丈146cm　礼服の一種。披肩や馬蹄袖など満州族の伝統的形式を保っている。

清朝系図（愛新覚羅氏）

数字は即位順

- ①太祖 ヌルハチ
- ②太宗 ホンタイジ
- ③世祖 順治帝
- ④聖祖 康熙帝
- ⑤世宗 雍正帝
- ⑥高宗 乾隆帝
- ⑦仁宗 嘉慶帝
- ⑧宣宗 道光帝
  - ⑨文宗 咸豊帝
    - ⑩穆宗 同治帝
  - △
    - ⑪徳宗 光緒帝
    - ⑫溥儀 宣統帝

近代中国人の民族意識を端的に表す「漢奸」という言葉は、実際にこの雍正《ようせい》*期において、清朝が改土帰流に対して不都合なことをする漢人を呼ぶ言葉として登場したのである。清朝による中国西南地域における改土帰流は、事実上少数民族を漢化させる運動でもあった。乾隆年間に貴州の改土帰流が完成してから、漢人による移民を通じて「化苗為漢」（苗族を漢人に変える）ということも考えられ、貴州の苗族に対して漢人の姓を強要し、漢族戸籍として登録させていた。改土帰流において、清朝政府は漢人と同じ立場であることを繰り返して強調した。

清朝の支配下に改土帰流政策を中心とする中国の西南部における中国内地化・中国人化政策は、当時清朝支配者の「華夷」認識、およびそこにおける自己規定にかかわるものである。*ところが、雍正期になると、雍正は満洲族と漢人との民族的不一致を率直に認めた。しかし清朝を樹立した満洲族は、その文化が漢人に匹敵し得るものであり、その優れた道徳なり、宗教なりにおいて昔から斉しく中華だと強調しはじめた。雍正、乾隆《けんりゅう》*以降の清朝は、夷が野蛮を意味するなら我等は夷でなく華だ、しかし夷が異民族を意味するなら我等は華でなくて夷で結構だ、といった凛然たる気魄を呼び醒ました。

5・雍正帝の中国観

ここではおもに大規模な改土帰流がはじまった雍正期に注目しよう。雍正六（一七二八）年に曾静による反清事件が起こった。曾静*は湖南の知識人であり、

雍正帝 [1678–1735] 清朝第五代皇帝。在位1722–35。世宗。

＊安部健夫の説によれば、「順治から康熙にかけては、かの辮髪胡服の強制などを頑強に固執する軍政主義的精神の許容しうる範囲内において、血液的にも文化的にもできるだけ中国化の方針をとり、それによって漢民族の優越感を無意味ならしめようとしたのである」。

乾隆帝 [1711–1799] 清朝第六代皇帝。在位1735–95。高宗。

曾静 [1679–1735] 呂留良の門弟。

職貢図　部分　清代　全巻長1438cm　乾隆帝の命により各民族の服飾を描かせ、それをもとに金廷標らが描き上げた。絵巻の最初は属地と諸外国が描かれている。男女約300組、それぞれに満洲語と漢語で居住地区・生活状況などの説明がついている。

その『知新録』において、「中華の周辺、皆夷狄なり、中土に近い者が（中華の影響を受け）いささかの人間らしさを有し、遠い者が禽獣と異なるところなし」と、「夷狄」に対する差別意識を露骨に表現したうえに、清朝の中国支配が、「夷狄が天朝を窃盗し、華夏を汚すことなり」と言い付け、「華・夷の区分は、本来君・臣の倫理より大切。華と夷は、人間と物の境なり、中国において第一の義理なり」、「人間と夷狄との間には、君臣の分がなし」と、清朝の中国支配を認めない正当性と必要性を訴えた（『大義覚迷録』巻二）。

雍正は曾静に対する尋問とその供述、ならびにこの事件に関する一連の上諭を集め、これに『大義覚迷録』という書名を付けて、翌年に刊行させた。雍正は、「夷狄の名は、本朝の忌みではあるまい」、「本朝が満洲たるは、中国人に籍貫を有することに等しい。舜が東夷の人なり、文王が西夷の人なり、徳を損なうことなし」と満洲がかつて夷狄だったことを認めた。そのうえに、「韓愈《かんゆ》*が曰く、中国で夷狄なりし、これを夷狄と見るべし。夷狄で中国なりし、これを中国と見るべし。…人倫を尽くせば人間と言うべし、天理を滅ぼせば禽獣と言うべし、華夷で人間と獣を区別することは不可なり」と、華夷の区別は文化によるものであるとし、満洲はもはや夷狄ではなく、立派な中華であると強調した。*

雍正があえて『大義覚迷録』を刊行した目的は、曾静を通じて、「華夷は地の遠近によって区別さるべきではなく、人の善悪によって区別さるべきであり」、満洲による中国統治は立派な徳治であることを中国人、とりわけ漢人に認めさせ

韓愈　かんゆ［768–824］中唐の儒者、文人。唐宋八大家の一人。儒教を尊び、古文復興運動に努めた。

＊「本朝は関外において創業して以来、仁義の心を存じ、仁義の政を行い、たとえ古昔の賢君令主も亦我朝と倫比できる者は珍しい。且つ中国入りからすでに八十年余り立ち、道を敷き教を広め、燦燦たる礼楽の昌明、政事文学の盛り、揃えて興り、なお異類禽獣と呼ぶべきなのか。」（『大義覚迷録』巻一）

ることにあった。雍正によれば、清朝の支配は事実上「中国」に莫大な利益をもたらしている。* ここにおいてとくに強調されたのは、中国にかつてなかった「大一統」をもたらしたこと、つまり「版図」の拡大であった。

雍正によれば、「(中国) 歴代の君主、中外の一統を達成できず、しかるにみずから境界線を作る」(『大義覚迷録』巻二) という。中国歴代における君主が力不足のため周辺民族との境を作ったとは、事実といささか異なるが、清朝の支配のもと、中国版図が拡大したことは、間違いのない事実であろう。* 明らかに、雍正は「夷狄の地」を「中国の領土」にしたとの自画自賛を通じて、清朝による中国支配の正当性を強調しているのである。

周知のように、清朝は、すでに康熙二八(一六八九)年にロシアとの間の「ネルチンスク条約」* を通じて、近代的な領土・辺境・主権意識をもちはじめた。雍正五(一七二七)年には、清朝はさらにロシアと「キャフタ条約」* を結んでいる。明らかに、康熙・雍正の時代において、清朝はすでに領土・辺境・主権意識のもとに、中国国内の非漢民族と外国とを区別することができた。雍正は清朝版図内における「華夷中外」の区別に反対するが、それは非漢民族による中華文化の受容——「向化」——を前提とするものであった。言い換えれば、雍正は非漢民族による中華文化の受容を通じて、清朝領内における華夷の差別を無くそうとしている。これはまさに明代以来の「改土帰流」という思想の核心そのものであった。

*「我が朝は四方万国を統一し、群寇を削平し、海内外の人々を湯火の中から救い出してそれに衣食を与えた。我朝が中国に寄与したものは絶大である。」(『大義覚迷録』巻一)

*「蒙古・中国をあわせ一統の盛事を成し、東南極辺地の番彜諸部を皆版図に入れ、よって古代以来変わらぬ中国疆宇が、今日に至って広められた。」(『大義覚迷録』巻二)

ネルチンスク条約 1689年、ロシアと清がネルチンスクで結んだ条約。外興安嶺(スタノボイ山脈)を国境と定め、逃亡者の引き渡し、交易の自由などを取り決めた。

キャフタ条約 1727年、ロシアと清がキャフタで結んだ条約。モンゴルにおける露清間の国境を画定、交易場の設置などを取り決めた。

6・非漢民族による中国の確立

中国の西南地域における土司制度は、元・明・清という三つの「大一統」の時代を経て、七百年近くも存在した。当時の社会状況と支配者の思惑によって、土司制度はそれぞれの時代において、実にさまざまな特徴を持ち、複雑な道を歩んだ。土司制度の確立から改土帰流の実行まで、王朝支配者による政策決定のプロセスを通じて、中華帝国の連続性と非連続性を見ることができる。

元は、西南地域の非漢民族に対する支配を実現させるため、土司制度をはじめた。土司制度も中華帝国の伝統的「以夷治夷」思想の延長線上にあり、唐宋時代の羈縻府州制度の影響を受けていることは明らかである。しかし元が漢人による中華王朝と相違する一面をもち、そのため、元によってはじめられた土司制度は、中華文化がなお浸透していない地域において中国の主権を確立させ、従来の中華王朝の伝統を越えた。

元以前、中国の王朝は周辺の非漢民族に対し、おもに「羈縻策」を施行し、均質的な「天下」を求めなかった。中華文化を定着させ中国化することと違って、土司制度のもとで、中国は非漢民族に対し間接統治を実施し、非漢民族地域の中国化を進めるようになった。明は元代の土司制度を受け継ぎ、西南地域を支配下に置いたが、土司官制の整備などを通じ、帝国秩序における土司と土司地域の位置づけを明らかにしながら、土司勢力を脅威と見て、それに対していろいろな制

黄河築堤図冊　30.5×22cm　清代　黄河の氾濫は甚大な被害をもたらすため、いつの時代も河床浚渫と堤防改修を主とした大きな治水工事は行われていた。図は清代初期、治水工事の様子を描いたもの

限を加え、そして「改土帰流」をもはじめた。明代の改土帰流は、中国西南部の非漢民族に対する中国による間接統治から直接統治への移行であり、また「中国化」の途上にある非漢民族地域の「完全中国化」措置でもあった。

清は明から土司制度を受け継いだと同時に、その「改土帰流」の政策も受け継いだ。しかし清代における改土帰流は、清朝の中国支配を正当化するという目的から出発した点が大きい。そのため、清朝の版図内においては華と夷・中と外を文化的次元で区別することが否定され、とくに中国西南部において、非漢民族地域の「中国化」が強力に推進され、直接支配地域の広がりによって、中国の辺境もますます前進した。

かつて明代の開国の皇帝朱元璋は「中国の兵隊は、外夷の恨みを払う道具にされてはならない」とし、土司の軍隊は中国国家兵力の一部であると定義しながらも、土司を「外夷」と捉えた。しかし、清代になると、土司が外夷ではなくなった。羈縻政策の対象である「外夷」は、版図内の非漢民族ではなくなり、ロシアのような外国を指すようになったのである。

遅くとも道光帝*在位（一八二一―五〇年）の十九世紀前半になって、清帝国の構造において、西南部の非漢民族地域は完全に「中国」として扱われた。道光帝の時代に内閣中書と礼部主事などを歴任した龔自珍*は、清帝国の構造について次のように述べている。「我が朝の藩服は二種類あり、朝貢に関して理藩院に属するものと主客司に属するものに分かれる。其の理藩院に属するのがモンゴルの五十

「図爾扈特」（トルフト）『西域回疆図冊』より　清代　トルフト族は明末清初にボルガ河下流域に移住、乾隆年間に戻って来てイリなどで放牧を行った。

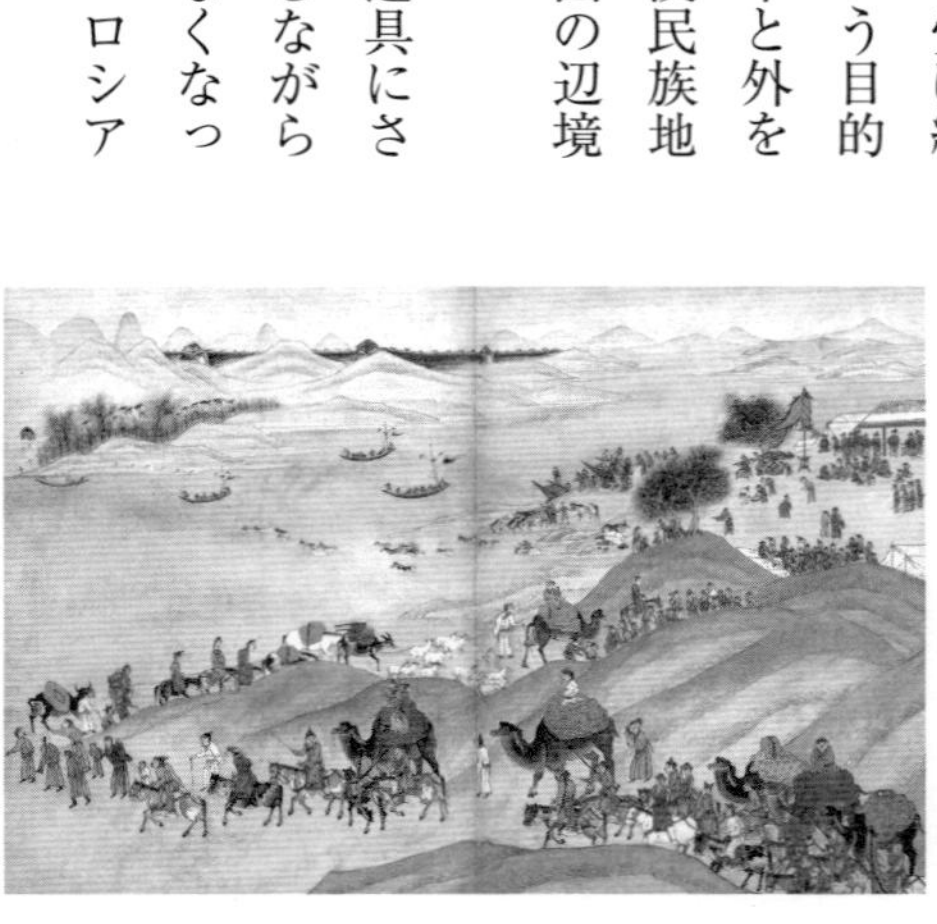

道光帝　[1782–1850]　清朝第八代皇帝。在位1821–50。宣宗。

龔自珍　きょうじちん　[1792–1841]　清代の学者

「厄魯特」 長43.9cm『西域回疆図冊』より　清代　「厄魯特」（エルト）は清代の西部の蒙古民族に対する総称。ザペン河とジュンガル盆地に住み、牧畜業や農業を営んでいた。西域は前漢以降玉門関以西の地区の総称だが、19世紀末から使用していない。

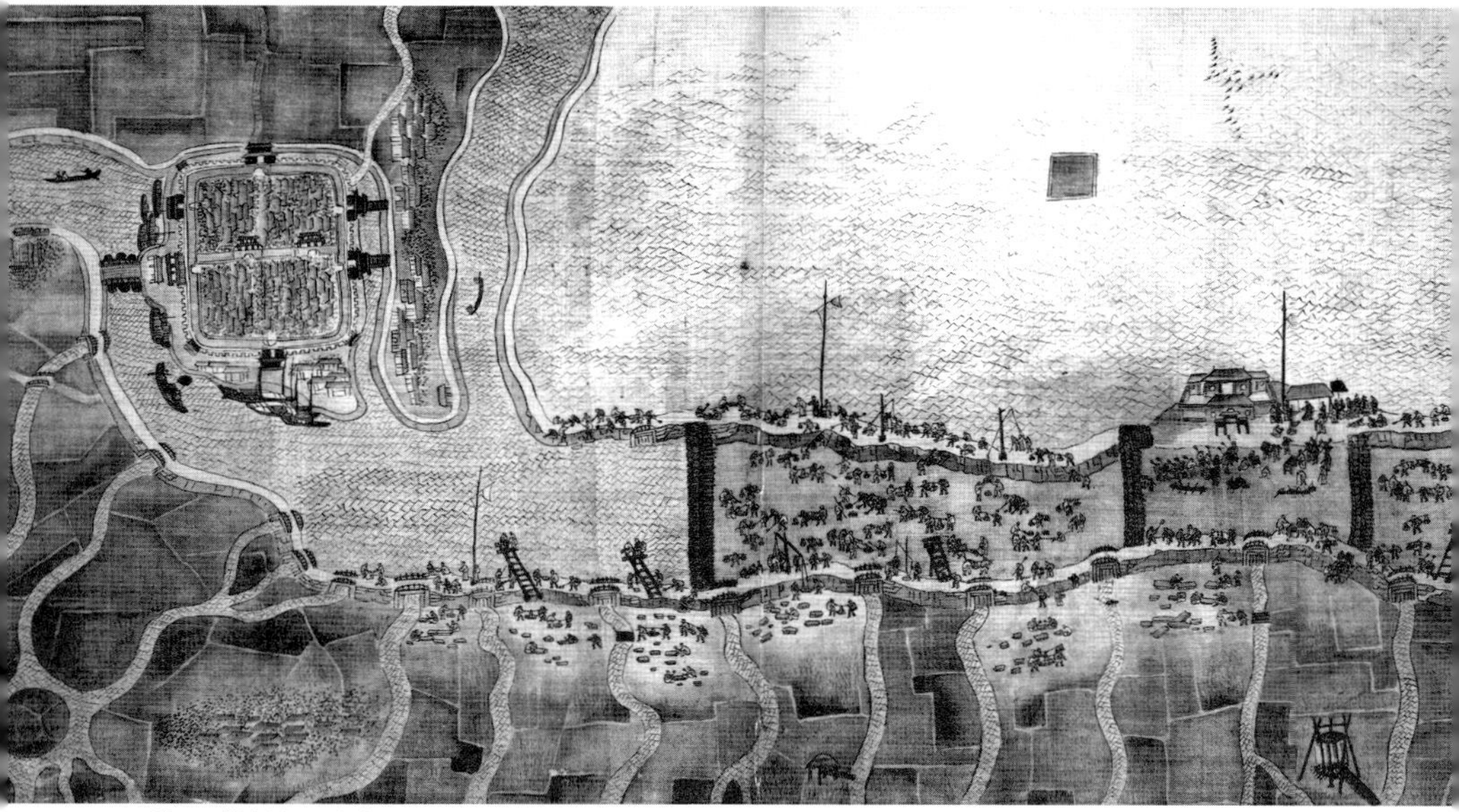

趙澄「治淮図巻」 部分　全巻長543.5cm　清代　いくつかの河が合流するところでは集中的に工事が行われた。淮河もまた黄河と同様被害をもたらす河であった。

一旗、ハルハ・モンゴルの八十二旗、およびチベットと青海、チベットに属するグルカ（ネパール）であり、主客司に属するのは、朝鮮、ベトナム、ビルマ、フィリピン、ラオス、オランダ、琉球、西洋諸国であった。西洋諸国とは、ポルトガル、イタリア、イギリスなどである。朝貢の額と時期において、朝鮮から琉球までが決まっており、西洋諸国なら、定期的・定額的朝貢はなかったが、朝鮮・ベトナム・琉球に対しては、みな冊封の礼がある」（龔自珍「主客司述略」、『定庵文集補編』巻二）。

7・近代的多民族国家の誕生

歴代の中華王朝に比べ、清朝はかつてないほど多くの民族集団を支配した。しかし、少数民族として中国を支配する王朝として、清朝は、あらゆる辺境地域の中心地域への均質化を求めず、モンゴル・チベットと回疆（新疆南部）などを「藩部」とし、内地と分割して統治した。この二分化によって、現地の各民族を漢族と区別し、そしてモンゴル地域でジャサク制*、チベットでダライ・ラマ*を首領とする「政教一致制」、回疆でベク制*など、現地民族の有力者を用いた間接支配の制度を通じて、満洲族との民族的親近感を引き出そうとした。その目的は、内地の漢族を牽制することにあった。こうした清朝による中国支配の民族的構造は、近代以降中国に起こった民族問題の歴史的背景となった。

この民族的な政治同盟体を管理するのは、一六三六年に「蒙古衙門」として発

ジャサク 札薩克。モンゴルの旗（行政上の基本単位）の長。旗ごとに牧地が指定された。

ダライ・ラマ チベット仏教ゲルク派（黄帽派）の最高指導者の尊称。観音菩薩の化身として絶対的信仰を集める。

ベク 伯克。清朝が新疆ウイグル地区に設けた官吏。トルコ系の有力者が在地の支配者として任命された。

足し、中央政府の吏・戸・礼・兵・刑・工の六部と同じ地位が与えられた「理藩院」であった。中国の史上には、複数の少数民族を直接管理するはじめての中央官庁であった。一人の額外侍郎（定数外の副大臣）がモンゴル人であるのを除き、理藩院の責任者（尚書・侍郎）のポストはすべて「旗缺」と規定され、事実上満洲族にのみ任命された。理藩院は順治・康熙・乾隆時代の改造をへて、徠遠司と典属司・王会司・理刑司・旗籍司・柔遠司の六つの部門をもつようになり、『欽定蒙古律例』、『欽定理藩院則例』と『欽定回疆則例』などの特別な法律もしだいに完備された。

しかし、一八二〇年代以降、清朝の「藩部」体制はイスラーム教徒による挑戦を受け、一八六〇年代の大蜂起によって新疆支配体制が崩壊した。以前から進入を企んでいた帝政ロシアとイギリスの勢力がこの時期を利用して、相次ぎ新疆地域に入ったため、日本の台湾出兵によって「海防」も緊迫しているにもかかわらず、清朝は新疆回復の戦争を断行した。その後、一八八四年に新疆において中国内地と同様の省制を敷き、新疆の内地化と住民に対する漢化をはじめた。これは清朝の藩部体制と満洲族政権性格の完全放棄であった。二〇世紀はじめ、清朝はさらにチベットとモンゴルの内地化を企んだが、現地住民の反対と孫文《そんぶん》*らの「革命」によって中断された。

末期症状を起こして瀕死の状態にあった清朝にとっては、力を中国内地の問題の解決に集中するために、一部の領土を放棄することも、当然考えられる。とこ

孫文　そんぶん　[1866–1925]
中国革命の指導者。1905年、東京で中国革命同盟会を結成し、三民主義を綱領とした。辛亥革命で臨時大総統に就任。のち中国国民党を創設。著「三民主義」「建国方略」など。

ろが、みずから中国の正統王朝と中華文明の後任者と自任した結果、清朝はみずから得た領土を中華王朝の領土と考え、中国の伝統に束縛され、それをできなかった。

孫文が指導した革命は、封建王朝体制を葬り去った民主革命の性格より、まず漢族の中国支配の地位を回復する民族革命の性格を中国の民衆に意識させた革命であった。民族革命を起こすため、満洲人が中華＝中国人ではなく、漢族こそ中華＝中国人である、つまり清朝の中国支配が正当ではないと強調し、民族的にも文化的にも満洲族と漢族との一体性を徹底的に否定し、中華対満洲人という構図を作り出した。

一九一一年の辛亥革命*を通じて、アジアでの最初の共和国―「中華民国」*―が樹立された。しかし民国の政治理念として、孫文らによって描いた漢民族の単一民族国家ではなく、「五族共和」*が打ち出され、「五族」を代表して国旗が「五色旗」*に定められた。中国では、単一民族による民族国家が結局不可能であった。もう一方では、辛亥革命後、漢族の反満・排満感情はさらに急速に希薄化してしまった。それは中華の本来の文化的性格による部分もあったが、結局、革命家達も社会の現実の前に、清朝の遺産は中華民国によって継承されるべきと考えるようになった。

孫文らの革命家と中華民国の建設者による民族主義の目標は、長い紆余曲折を経て、最終的に「中華民族国家」に定着した。五族共和論を一時唱えていた孫文

辛亥革命　1911年、武昌蜂起をきっかけに各地で革命派が蜂起、翌12年1月、南京に孫文を大総統とする臨時政府を樹立し中華民国が成立したもの

中華民国　辛亥革命後、1912年から中華人民共和国が成立するまでの中国の国号。また、49年に共産党との内戦に敗れ、台湾に逃れた国民政府が現在用いている名称

「五族共和」　清朝を廃し、五族（漢・満・蒙・蔵・回）が協力して共和国を建設しようという標語

「五色旗」　赤（漢族）、黄（満洲族）、青（モンゴル族）、白（ウイグル族）、黒（チベット族）。色と民族の対応は異説がある。

清代の新疆

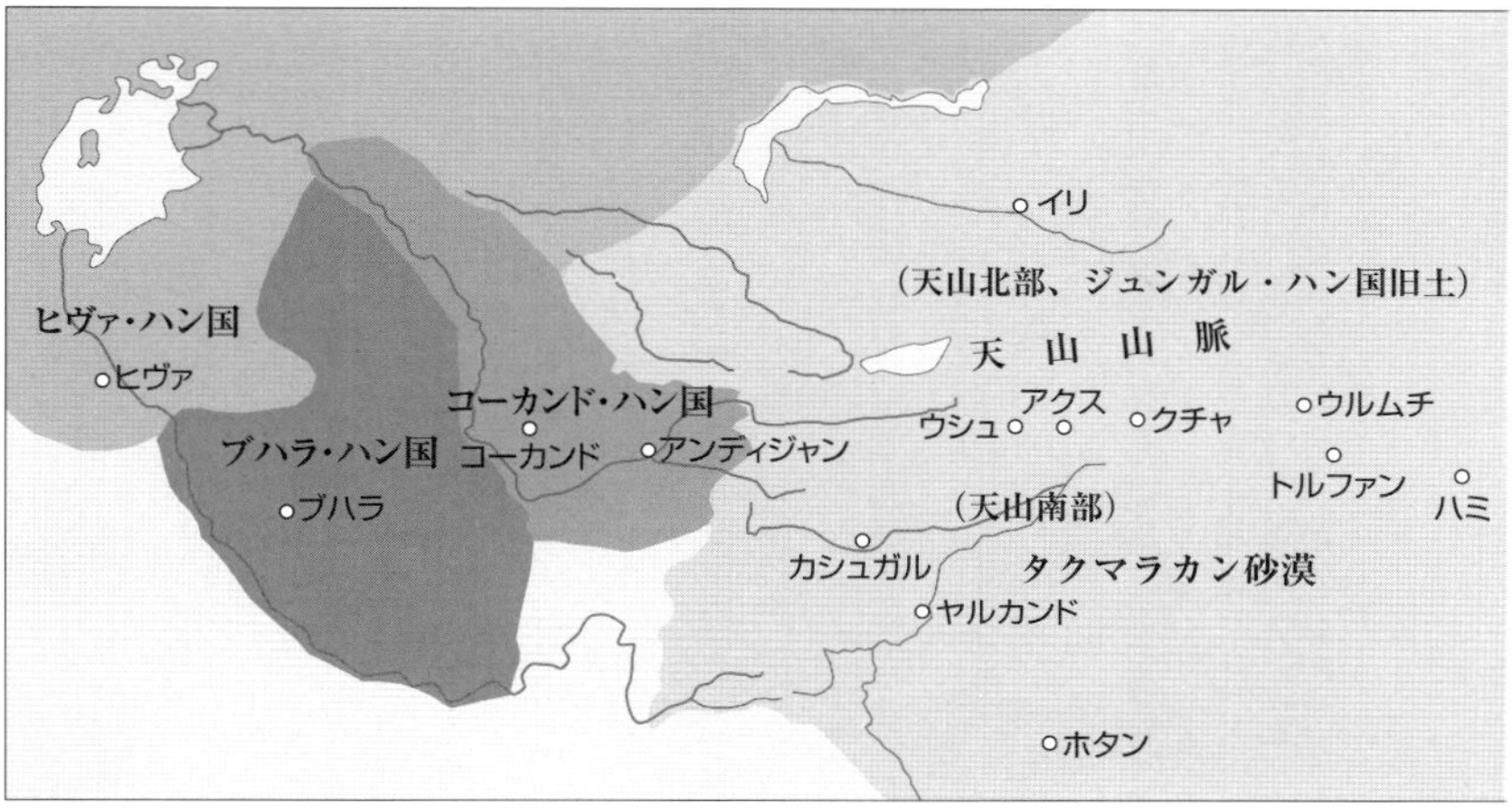
イリ
（天山北部、ジュンガル・ハン国旧土）
天　山　山　脈
ヒヴァ・ハン国
ヒヴァ
コーカンド・ハン国
ブハラ・ハン国
コーカンド
アンディジャン
ウシュ
アクス
クチャ
ウルムチ
トルファン
ハミ
ブハラ
（天山南部）
カシュガル
タクマラカン砂漠
ヤルカンド
ホタン

清代(18世紀)

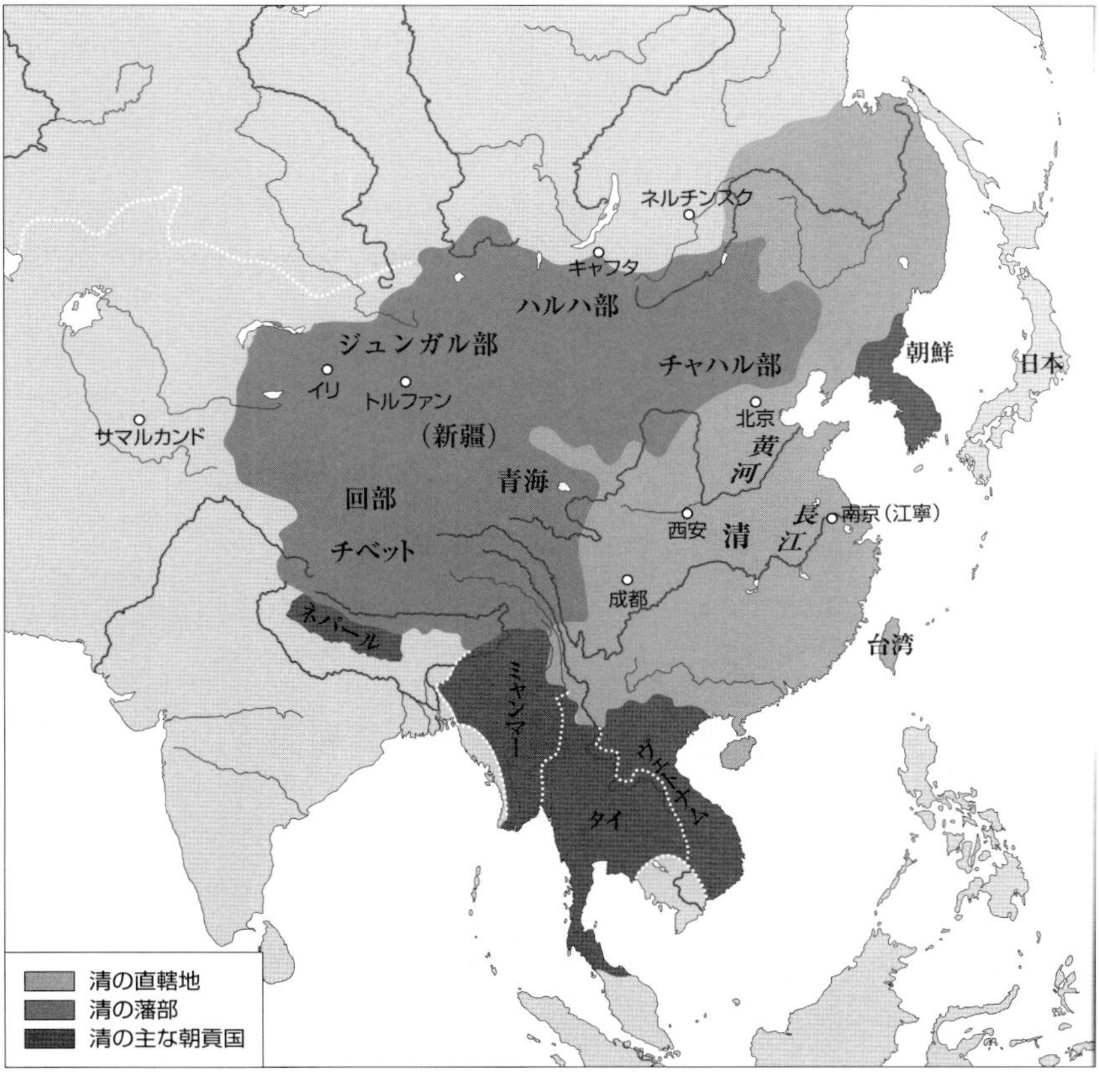
ネルチンスク
キャフタ
ハルハ部
ジュンガル部
チャハル部
朝鮮
日本
イリ
トルファン
北京
サマルカンド
（新疆）
黄河
青海
回部
西安
清
長江
南京（江寧）
チベット
成都
ネパール
台湾
ミャンマー
ベトナム
タイ
清の直轄地
清の藩部
清の主な朝貢国

も、後に領土保全・国家統一と五族共和とが矛盾することに気付き、一転して「五族共和」を批判し、「国内の各民族を融合して一大中華民族になり遂げる」という目標を立てた。これは、実はアメリカ式の近代的民族国家を建設することであった。孫文は、中国のあらゆる民族を中華民族に融合させ、それによって民族の独立による国家分裂に永遠に決別を告げるような、統一した中華民族国家の建設を夢見ているのである。しかし当時、孫文を含め、革命家達は中華民族の概念を、科学的に定義できなかった。孫文は一九二四年の『三民主義』*の中に、「自然力が王道なのである。王道で形成されている団体、それは民族である。武力は覇道であり、覇道で形成される団体が国家である」と述べている。

中国共産党は最初、コミンテルン*とソ連*の指示を受けて、周辺民族による「独立」や中国の国家体制を連邦制にすることを認めた。一九二二年七月の第二次全国代表大会の「大会宣言」が目標のひとつとして、「モンゴル、チベット、回疆の三地方の自治を実行して三つの自治邦となす」ことを唱えた。しかし、一九三七年八月の「中共抗日救国十大綱領」のなか、「民族自治と民族自決の原則にしたがって、連合して抗日する」とするものがあり、抗日戦争のための民族統一戦線を結成するため、中共が民族の「独立」を否定するようになった。

一九四九年九月二九日に「新政治協商会議」で公表された「中国人民政治協商会議共同綱領」によって、現代中国で実施されている「民族区域自治制度」は発足した。「民族区域自治制度」は、自治地方の樹立を通じて少数民族の自主管理

三民主義　国内諸民族の平等と外国の圧迫からの独立（民族主義）、民主制の実現（民権主義）、平均地権・節制資本による国民生活の安定（民生主義）

コミンテルン　1919年、レーニンの率いるロシア共産党を中心とする各国の共産党および左派社会民主主義者グループによってモスクワで創設された国際的な労働者組織

ソ連　1922-1991年にロシアを中心に結成されていた連邦国家。ソビエト社会主義共和国連邦。

を実現させること（「民族自治」）を唱える一方、同時に各民族がみな中華民族の一員として連合すべき（「民族団結」）、つまり民族問題を一国内のなかにとどまる限りに対処することを規定した。その理由として、少数民族人口が中国人口総数の六パーセントにすぎないこと、その多くは漢民族と雑居していること、少数民族地域と漢民族地域が昔からひとつの経済共同体として共存してきたことなどが取り上げられ、中国の歴史と伝統に多民族国家の正当性を求めた。

多民族国家であれば、はじめて「天下」となり、「多民族国家」のスタイルをとっていなければ、本当の「天下」ではない、そして「徳」のある政権、つまり中国の民衆から正当性がある政権と認められないという歴史的法則から、中華民国政府も中華人民共和国政府も脱出することができなかった。

あとがき

一九九七年三月に、海外に亡命しているチベット仏教の最高指導者の指導者ダライ・ラマが台湾を訪問した。それに対し、中国共産党中央委員会の機関紙である『人民日報』をはじめとする中国のマスコミはそろって、「祖国の統一と民族の団結は、歴史の必然の趨勢である。二つの勢力はぐるになって祖国の分裂と民族団結の破壊を働くことは、台湾やチベットの人々を含む中国人民の根本的利益と共通の願望に反するもので、いずれ歴史によって断罪されるだろう」と、強い口調で非難した。これを単に中国共産党による政治的姿勢にすぎないと理解することはできない。実際、中国の多くの民衆が、民族独立問題と台湾独立問題への対処においては、中国共産党の主張に同調している。いや、むしろ中国共産党は「民族」および「祖国」の問題で大多数の民衆の意志を代弁してきたことにより、中国の民衆に対する支配の正当性を得、そして維持することができたと言っても過言ではない。

民主主義を含むあらゆる政治制度は、民族の利益という究極の目的を達成する一種の手段にすぎないと多くの中国人（とりわけ漢民族、以下同）は考えている。たとえば、テレビに映った鄧小平《とうしょうへい》の死を偲ぶ中国国民の表情が、八九年の天安門事件当時の鄧小平を恨んだ表情とはまったく違うことに戸惑いを感じた人は多いだろう。事実上、中国の近代化・国際的地位の向上・香港の返還に対する情熱、そして「わたしは中国人民の息子であり、心より祖国と人民を愛している」との言葉を通じて、多くの中国人の目には、鄧小平は共産主義者というより、むしろ「中華民族の英雄」のように映っている。「民族の大義」の前では、民族内部の社会的・政治的・経済的対立は重要ではなくなるのである。

中国人はなぜ民主主義と民族主義という二重の価値観をもち、しかも民族的利益を優先すべきと考えているのか。中国において、支配の正当性を主張する度に「歴史」が持ち出されるように、思考様式の正当化と定着化も「歴史」の仕業である。一九世紀末、「民族」という用語を日本から中国に紹介した梁啓超《りょうけいちょう》が、「歴史学はもっとも博大な学問であり、国民の鏡、愛国心の源泉である」と、「歴史民族主義」を唱えた（梁啓超『新史学』）。つまり、梁啓超はナショナリズムの鼓舞、および正当化・神聖化するもっとも良い手段は歴史を強調することであると看破したのである。

国家権力の中心である天安門広場に「中国歴史博物館」を建てたように、中国ほど歴史を重んずる国は世界中を見渡しても少ない。実際には、今日の中国にとって、歴史博物館は単なるひとつの立派な建物であるだけではなく、それは中国を支配する立場にある共産党の理論を、「歴史」を通じて正当化・神聖化するという機能をもつ一種の権力装置でもあった。「歴史」によって神聖化された通説は、たとえ人為的なものだとしても、中国の民衆によって受け入れられ、そしてまた思考のモデルへと変わり、「文化」そのものとなったのである。

文化とは、類型化して歴史の中に繰り返して現れる事象でもある。そのため、ある文化を理解する際に重要なのは、その文化を歴史的に検討し、発展するプロセスにおける継承と変動に注目し、その法則を探り出すことである。中国多民族統一国家説も、中国の歴史を通じて神聖化された中華文化の一部であり、前述のように、今日の中国民衆の思考様式は、これによって規定されている部分が多い。

過去の経験や事件が現在の行動に影響を及ぼすとすれば、過去にその原因を求め、歴史的因果関係（historical causality）を体系的に究明しなければならない。中国における多民族統一国家の歴史は、二十四史をはじめとする中国の歴史著作のなかにおいて、それぞれ時代別に語られている。しかし残念ながら、中国における多民族統一国家の歴史、とくに多民族統一国家思想の歴史を、歴史社会学（historical sociology）的な研究方法、つまり特定の時代や場所における文化の社会基盤を解明する方法で、その発展の軌跡を全面的に動態的に解釈する著作はほとんどない。

本書の狙いは、まさに中国が多民族統一国家としての将来像を描く際、中国が多民族国家としての歴史は無視できないことを強調することにある。中国には多民族国家の伝統があった。しかもこの伝統は、今日に至ってなお中国の国家構造に影響を与えている。一般的な言い方によれば、近代における民族問題の発生は国民国家の誕生に伴うものであり、前近代的な発想は近代国際秩序の枠内に起きた問題の解決に繋がらないという。しかし筆者は、少なくとも二つの理由で西洋で誕生した「近代」のモデルをもって中国における「民族と国家」というテーマを計ることは不適切と考える。

第一に、中国はヨーロッパのような工業革命・市民革命・国民国家建設を経験しなかったことである。すでに多くの学者によって指摘されていたように、それを物差しにして中国をはかれば、中国はいまだに「近代」の条件を満たさないことになる。「近代民族」と

中国国家博物館

館内展示

「国民国家」という地平で中国の民族問題を議論することは、むしろ的外れである。

第二に、民族と国家との関係を考えるには、中国は昔から「天下思想」という独自の思想をもっていたことである。中国の歴史は「華夏《かか》」と「夷狄《いてき》」が不断に融合・同化し、「華夏」が「夷狄」を不断に吸収・消化する歴史である一方、他方では「夷狄」の独自性を維持させてきた歴史でもある。空間的領土拡大と周期的王朝交替が「天下思想」の影響と制約を受けただけではなく、「天下」自身も、多民族によって構成されるものであった。

こうした伝統を背景に、近代中国における国民国家建設は、事実上不可能であった。西洋モデルにのみ着眼し、中国伝統文化の特質と中国歴史の連続性を無視すれば、中国における民族と国家との関係に関する本質は見失われる。その意味で、本書は、古代を通じて近代を見るというより、むしろ中国文化の特質を見ることを通じて近現代の中国社会に起こっている問題の本質を検討しようとするものである。

本書の視点は、おもに漢人の非漢民族認識、非漢民族（おもに支配者階層）の中華文化認識、そして歴代の支配者および政治家による王朝建設・国家建設からみた王朝像・国家像の三点に集中する。そのなかでとくに第三点において、時代によってそれぞれ異なる民族・王朝・国家思想の連続性と非連続性の究明に力を入れた。

無論、このような一特定の歴史時代を超える研究は、ひとつの陥穽に落ち入りやすい仕事である。筆者と違う視点で、一特定の歴史時代を研究してきた専門家にとっては、本書はその分野における先行研究の成果を十分に吸収したか否かが問題になるだろう。そのような誤解を避けるため、本書はおもに第一次資料から出発した。つまり古典と史書などの原典を分析し、あくまでそれに基づいて研究を進めるという基本姿勢を貫いた。

われわれは、中国の歴史をみる際、「歴史」が現実の社会のために生きているものであるという考え方をもたなければならない。そして、「歴史」が本当の現実社会に生きているという目ももたなければならない。これは著者だけではなく、おそらく本書の執筆を誘っていただいた「中国文化百華」編集室の井川宏三編集長、廣岡純室長も同じ考えであろう。お二人との出会いがなければ、間違いなく拙著が「図説　中国文化百華」シリーズの一冊として刊行することもなかった。中国の古代文明に対する造詣、拙著の主旨に対する理解と洞察力に基づいて、図版と地図の作成に取り掛かり、また筆者のわがままに対して辛抱強く受け入れてくださった井川宏三編集長をはじめ、本書の編集に直接携わり、本文の内容を巧みに脚注に変えていただいた廣岡純室長、そして編集室の上木早苗氏に心から御礼を申し上げたい。筆者としてわたしの名が記されるが、おそらく「図説　中国文化百華」編集室の皆さんとの合作と言っても過言ではない。素晴らしい編集者に出会ったことは、一生の財産と考える。

本書を二〇〇七年四月八日、お釈迦様の誕生と日を同じくして八十歳を迎える義父門脇宗司に捧げる。

著　者

「中国」周辺で活躍している諸民族年表

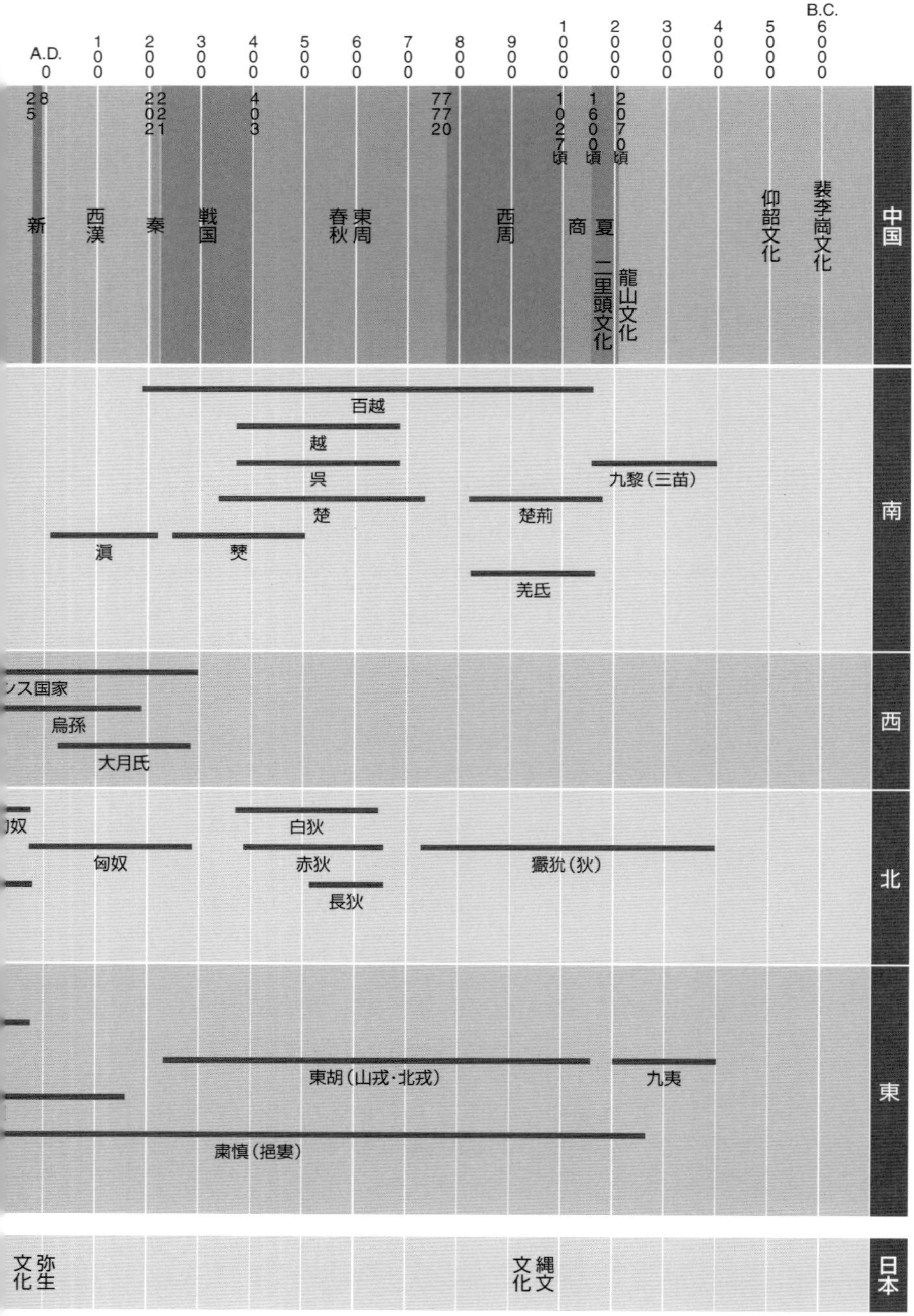

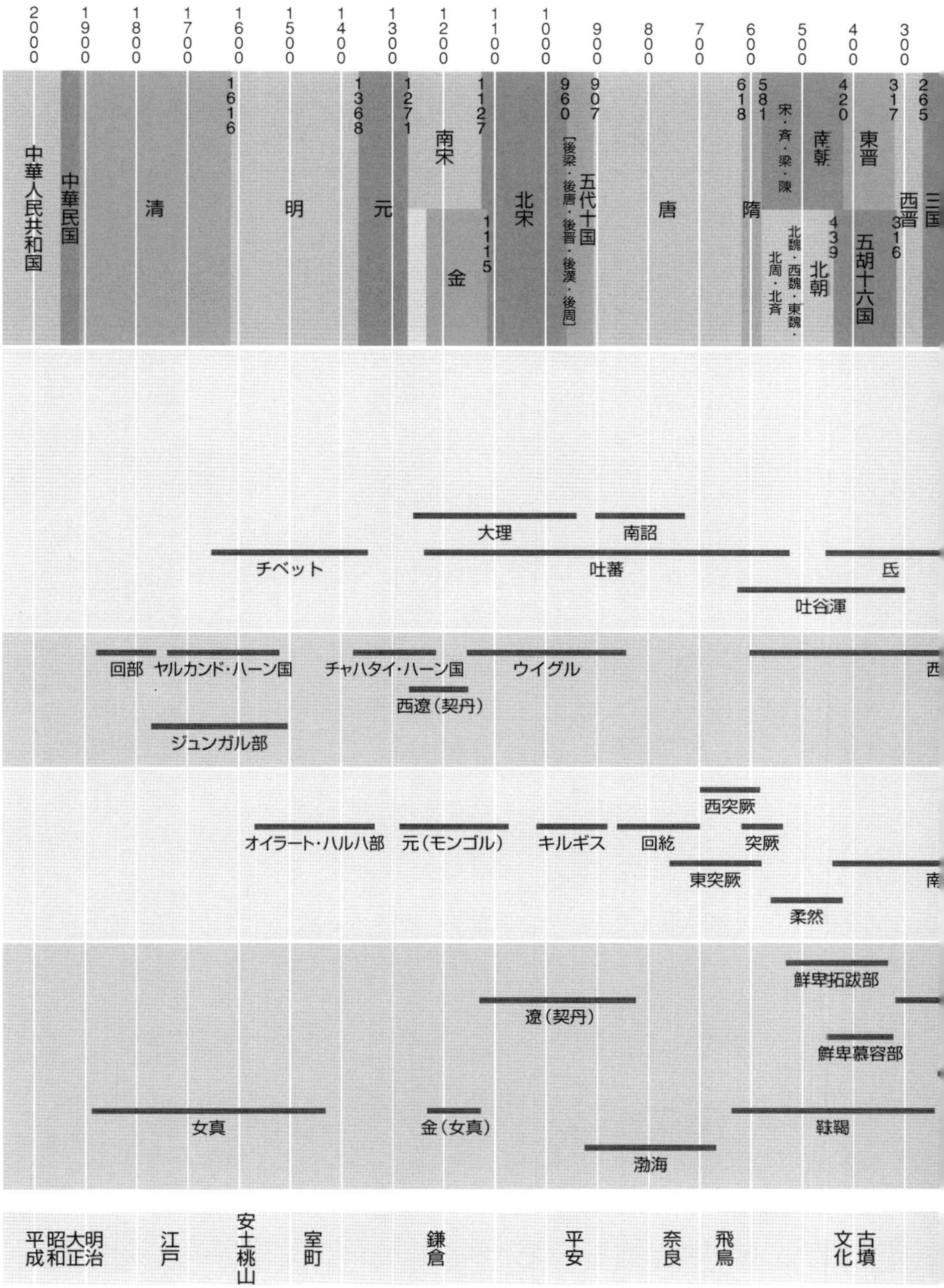
2000
1900
1800
1700
1600
1500
1400
1300
1200
1100
1000
900
800
700
600
500
400
300
中華人民共和国
中華民国
清
1616
明
1368
元
1271
南宋
金
1127
1115
北宋
960
907
五代十国
［後梁・後唐・後晋・後漢・後周］
唐
618
隋
581
宋・斉・梁・陳
南朝
北魏・西魏・東魏・北周・北斉
北朝
439
420
東晋
五胡十六国
317
西晋
316
265
三国
大理
南詔
チベット
吐蕃
氐
吐谷渾
回部
ヤルカンド・ハーン国
チャハタイ・ハーン国
ウイグル
西
西遼（契丹）
ジュンガル部
西突厥
オイラート・ハルハ部
元（モンゴル）
キルギス
回紇
突厥
東突厥
南
柔然
鮮卑拓跋部
遼（契丹）
鮮卑慕容部
女真
金（女真）
靺鞨
渤海
平成
昭和
大正
明治
江戸
安土桃山
室町
鎌倉
平安
奈良
飛鳥
古墳文化

■参考文献

一章

謝維揚「中国古代国家」浙江人民出版社 1995／周偉洲「周人、秦人、漢人和漢族」『中国史研究』1995 第二期／越智重明「華夷思想と天下」『久留米大学論叢』第三七巻第二号 1988／徐旭生『中国古史的伝説時代』科学出版社 1962／王玉哲「商族の来源地望試探」『歴史研究』1984 第一期／周偉洲「儒家思想与中国伝統民族観」、『民俗研究』1995 第六期／顧頡剛『中国史学入門』中国青年出版社 1986／李亜農『欣然斎史論集』上海人民出版社 1962／本田濟「春秋会盟考」『東洋思想研究』創文社 1987／小倉芳彦「裔夷の俘」―『左伝』の華夷観念―『中国古代政治思想研究』青木書店 1970／貝塚茂樹『中国の古代国家』中央公論社 1984

二章

謝維揚『中国古代国家』浙江人民出版社 1995／海野一隆「古代中国人の地理的世界観」『東方宗教』第四二号 1973／平岡武夫『経書の成立』創文社 1983／王宇信『西周甲骨探論』中国社会科学出版社 1984／郭沫若『青銅時代』上海新文芸出版社 1952／貝塚茂樹『中国の古代国家』中央公論社 1984／徐中舒主編『甲骨文字典』四川辞書出版社 1993／何茲全「中国的早期国家和国家的起源」『中国史研究』1995 第二期／唐嘉弘「略論夏商周帝王的称号及国家政体」『歴史研究』1985 第四期／李泉、杜建民「論夏商周君主制政体的性質」『史学月刊』1995 第三期／馮天瑜『中華元典精神』上海人民出版社 1994／辛樹幟『禹貢新解』農業出版社 1964／『中国史学入門―顧頡剛講史録』中国青年出版社 1986／顧頡剛「畿服」『史林雑識初編』中華書局 1963／曾毅公『甲骨綴合編』二の第四〇五条／顧頡剛「職貢」『史林雑識初編』中華書局 1963／王雷「民族定義和漢民族的形成」『中国社会科学』1982 五期／忻剣飛『世界的中国認識』学林出版社 1991／郭沫若『殷契粹編』科学出版社 1965

三章

於豪亮「秦王朝関於少数民族的法律及其歴史作用」『雲夢秦簡研究』中華書局 1981／工藤元男「睡地虎秦墓竹簡の属邦律をめぐって」『東洋史研究』四三巻一号／陳力「試論秦邦之『属邦』与『臣邦』」『民族研究』1997／王玉哲「秦人的族源及遷徙路線」『歴史研究』1991 第三期／佐藤長「秦王朝の系統について」『鷹陵史学』第一四号 仏教大学 1988／王柯「文明論の華夷観―中国における民族思想の起源」神戸大学国際文化学部紀要『国際文化学研究』第七号 1997／王柯「三重の天下―中国多民族国家思想の起源」神戸大学『近 代』発行会『近代』第八二号 1997／陳直「漢晋少数民族所用印文通考」『秦漢史論叢』第一輯 1981／余太山「両漢魏晋南北朝時期西域南北道緑洲諸国的両属現象―兼説貴霜史的一個問題」『中国辺疆史地研究』1997 第二期／安作璋・熊鉄基『秦漢官制史稿』斉魯書社 1985／李鳳山「長城帯経済文化交流述略」『中央民族大学学報』(社会科学版) 1997 第四期／森熊男「司馬遷の匈奴観」『研究集録』(岡山大学) 七三 1986／艾衝『中国的万里長城』三秦出版社 1994／手塚隆義「前漢の投降胡騎に就いて」『蒙古』八四号／鎌田重雄『秦漢政治制度の研究』日本学術振興会 1962／林幹『匈奴通史』人民出版社 1986／内田吟風『匈奴史の研究』創元社 1953／李宗桂「論董仲舒的思想方法」『秦漢文化和華夏伝統』学林出版社 1993／劉沢華「論漢代独尊儒術与思想多元的変態発展」『秦漢文化和華夏伝統』学林出版社 1993／張国華「試論道家文化在漢代的興衰嬗変」『秦漢文化和華夏伝統』学林出版社 1993／劉沢華「論漢代独尊儒術与思想多元的変態発展」『秦漢文化和華夏伝統』学林出版社 1993

四章

周偉洲『漢趙国史』山西人民出版社／宮川尚志『六朝史研究 政治社会篇』日本学術振興会 1956／白翠琴『魏晋南北朝民族史』四川民族出版社 1996／尾形勇『東アジアの世界帝国』講談社 1985

五章

陳寅恪「論唐高祖称臣於突厥事」『陳寅恪先生文史論集』香港文文出版社 1973／熊徳基「唐代民族政策初探」『歴史研究』1982 第六期／林立平「隋唐の辺疆政策」『中国古代辺疆政策研究』中国社会科学出版社 1990／『姚従吾先生全集』二 台湾正中書局 1973／馮継欽・孟古托力・黄鳳岐『契丹文化史』黒龍江人民出版社 1994／史衛民『大一統―元至元十三年紀事』三聯書店 1994／楊訥「元代農村社制研究」『元史論集』人民出版社 1984／史衛民『元代社会生活史』中国社会科学出版社／姚大力『漠北来去』長春出版社 1997／韓儒林『元朝史』上 人民出版社 1986／楊志玖など『元史学概説』天津教育出版社 1989

六章

張永国「関於土司制度研究中幾個問題」『貴州文史叢刊』1986 第四期／羅賢佑『元代民族史』四川人民出版社 1996／龔蔭『中国土司制度』雲南民族出版社 1992／大林太良「中国辺境の土司制度についての民族学的考察」『民学研究』三五巻二号 1970／杜玉亭「元代雲南的土官制度」『元史論集』人民出版社 1984／芋玲「土司制度新論」『中南民族学院学報』哲社版 1997 四月／何毛堂・李輝南「土司制度対桂西民族融合的促進作用初探」『中南民族学院学報』1987 第一期／菊池秀明「明清期、広西チワン族土官の『漢化』と科挙」『中国―社会と文化』第九号 中国社会文化学会 1994／張捷夫「清代土司制度」『清史論叢』第三輯 1982／韋啓光「儒学文化対貴州少数民族文化的影響」『貴州社会科学』1996 第三期／蘇暁雲「土家族地区改土帰流之我見」『中央民族大学学報』1997 第四期／陳涛「改土帰流以来湘西黔東北的民族関係」『貴州民族研究』1985 第一期／潘洪鋼「清代乾隆朝貴州苗区的屯政」『貴州文史叢刊』1986 第四期／安部健夫『清代史の研究』創文社 1971／中国社会科学院歴史研究所清史研究室編『清史資料』第四輯 中華書局 1983／小野川秀美「雍正帝と大義覚迷録」東洋史研究会編『雍正時代の研究』同朋社 1986／張羽新「清代前期各民族統一観念的歴史特徴」『清史研究』1996 第二期

■図版出典ならびに参照資料

『華夏之路』朝華出版社／『中国古代文明の原像』アジア文化交流協会／『古代中国5000年の旅』日本放送出版協会／『中国美術全集』京都書院／『中国美術史』三聯書店／『中国美術全集』(人民美術出版社、文物出版社)／『晋唐両宋絵画・人物風格』商務印書館／『中国古代服飾研究』商務印書館／『中華古文明大図集』(宜新文化事業公司・楽天文化公司)／『三才図会』上海古籍出版社／『中国博物館総覧』中国博物館総覧刊行委員会／『可齋論印新稿』上海辞書出版社／『中国地理』五洲伝播出版社／図録『山東省文物展』／図録『金龍・金馬と動物国宝展』／図録『中国文明展』／図録『中国国宝展』／図録『大黄河文明展』／図録『中国秦兵馬俑』／図録『世界四大文明展 中国』／図録『シルクロード 絹と黄金の道』／岡田英弘『中国文明の歴史』講談社現代新書／李最雄ほか『敦煌の美と心』雄山閣出版／『新版世界各国史3』山川出版社／岡崎由美・王敏『中国歴代皇帝人物事典』河出書房新社／『世界の歴史』2・6・7・9・12 中央公論社

■協力

岡本央 写真 p21 p72 p73上・右中 p76上 p77左上・左中 p78下 p79右中・右下・左下
劉世昭 写真 p4 p65 p76下 p77右上・左下 p80 p201
株式会社 撰

図説❖中国文化百華

第13巻「天下」を目指して
中国　多民族国家の歩み

発行日　二〇〇七年三月十五日
著者　王　柯
企画・編集・制作　「中国文化百華」編集室
企画・発行　(社)農山漁村文化協会
東京都港区赤坂七―六―一
郵便番号一〇七―八六六八
電話番号〇三―三五八五―一一四一［営業］
〇三―三五八五―一一四五［編集］
ＦＡＸ　〇三―三五八九―一三八七
振替　〇〇一二〇―三―一四四四七八
印刷／製本　(株)東京印書館
ISBN978-4-540-03095-6
〈検印廃止〉
定価はカバーに表示

図説　中国文化百華・好評既刊（各3200円）

天翔るシンボルたち
幻想動物の文化誌
張競著
龍、麒麟、一角獣から人面犬、蛇頭魚身まで500点の図版でアジア精神文化の広がりを探訪。

おん目の雫ぬぐはばや
鑑真和上新伝
王勇著
高僧なのに、命を賭して渡日した鑑真の宗教的情熱。中国側資料が初めて明かす鑑真の生き様。

イネが語る日本と中国
交流の大河五〇〇〇年
佐藤洋一郎著
DNA考古学で探るイネの起源と伝播。河姆渡遺跡、徐福伝説、大唐米など稲作文化の源流と未来。

しじまに生きる野生動物たち
東アジアの自然の中で
今泉忠明著
野生を捨てて人と生きるか絶滅か。トラ、パンダからアルガリ、シフゾウまで60種の生態と運命。

神と人との交響楽
中国　仮面の世界
稲畑耕一郎著
三星堆の瞳が飛び出した仮面。山あいの村で現代も続く仮面劇。未知なる中国文化の古層。

癒す力をさぐる
東の医学と西の医学
遠藤次郎他著
東西伝統医学はなぜ違う？　薬、処方、病気観、風土…差異の背景と新たな融合の途を探る。

火の料理　水の料理
食に見る日本と中国
木村春子著
だしとスープ。生を活かすか火を駆使するか…火（中国）と水（日本）を比較しながら味わう。

真髄は調和にあり
呉清源　碁の宇宙
水口藤雄著
碁は勝負でなく宇宙の調和の表現。一代の棋神の生涯と思想をたどる。林海峰・陳祖徳氏も寄稿。

歴史の海を走る
中国造船技術の航跡
山形欣哉著
独自に発達したアジア造船技術を唐代から清末まで考証。精緻な復元図多数で古代船が甦る。

「元の染付」海を渡る
世界に拡がる焼物文化
三杉隆敏著
世界を魅了しマイセンやウェジ・ウッドを生んだアジアの陶磁器。元朝時代の国際文化交流。

王朝の都　豊饒の街
中国　都市のパノラマ
伊原弘著
天界の秩序と庶民の猥雑な生が交錯する都市生活を「清明上河図」など絵図・地図から読み解く。

君当《まさ》に酔人を恕《ゆる》すべし
中国の酒文化
蔡毅著
飲酒儀礼から鴻門の会、曹操と劉備、陶淵明、李白、白居易まで杯を賑わす五千年の文化に酔う。

（価格は税込。改定の場合もございます。）